August Engelbrecht

Untersuchungen über die Sprache des Claudianus Mamertus

August Engelbrecht

Untersuchungen über die Sprache des Claudianus Mamertus

ISBN/EAN: 9783744604000

Hergestellt in Europa, USA, Kanada, Australien, Japan

Cover: Foto ©ninafisch / pixelio.de

Weitere Bücher finden Sie auf **www.hansebooks.com**

UNTERSUCHUNGEN

UEBER DIE

SPRACHE DES CLAUDIANUS MAMERTUS.

VON

DR AUGUST ENGELBRECHT.

WIEN, 1885.

IN COMMISSION BEI CARL GEROLD'S SOHN
BUCHHÄNDLER DER KAIS. AKADEMIE DER WISSENSCHAFTEN.

Aus dem Jahrgange 1885 der Sitzungsberichte der phil.-hist. Classe der kais. Akademie der Wissenschaften (CX. Bd., II. Hft., S. 423) besonders abgedruckt.

Druck von Adolf Holzhausen in Wien,
k. k. Hof- und Universitäts-Buchdrucker.

Die folgende Abhandlung ist keineswegs eine Gesammt-
darstellung der formellen wie syntaktischen Eigenthümlichkeiten
der Sprache Claudians, etwa wie zuletzt (Paris 1884) der französische Gelehrte Henri Goelzer die Latinität des heiligen Hieronymus behandelt hat, sondern verfolgt nur den Zweck, die
Stellung, die Claudian in der Geschichte der lateinischen Sprache
einnimmt, halbwegs ausreichend zu charakterisiren. Demgemäss
war in erster Linie für Claudian wie für jeden spätlateinischen
Schriftsteller besonders nichtitalienischer Abkunft die Frage zu
behandeln, von wem unser Autor seine Bildung empfing und
welches insbesondere die Vorbilder waren, denen durch Nachbildung ihrer Sprache nachzueifern man ihn in seiner Jugend
lehrte. Neben diesen eigentlichen Vorbildern für die Form
war ferner zu sehen, ob nicht auch die literarischen Producte,
die Claudian für den stofflichen Inhalt seines philosophischen
Tractats als Vorlage dienten, irgendwie dessen Sprache beein-
flussten.

Nach Sonderung alles dessen, was Claudian nicht als sein
Eigenthum beanspruchen darf, sondern nur aus bewusster Nachahmung Anderer schuf, war zu erörtern, welche Stellung demselben in sprachlicher Hinsicht in der Literatur seiner Zeit und
Heimat gebührt. Da jedoch die Latinität der gallischen Schriftsteller noch nicht hinlänglich erforscht ist und auch unsere
Lexika nur spärliche Beiträge zur Erkenntniss ihrer Sprache
liefern, so glaubte ich mich nicht damit begnügen zu sollen,
nur blos die Neuerungen Claudians (in der Wortbildung, der

1*

Semasiologie, der Construction u. s. w.), die ihn von allen übrigen Schriftstellern unterscheiden, zu behandeln, sondern meinte in Auswahl auch gewisse Eigenthümlichkeiten, die er mit anderen gallischen Schriftstellern gemein hat, in den Kreis der Untersuchung mit Nutzen einbeziehen zu können. Dabei wurde besonders auf die Werke des formgewandtesten der gleichzeitigen gallischen Schriftsteller, des Apollinaris Sidonius, der zudem zu Claudian in einem engen Freundschaftsverhältnisse stand, als des geeignetsten Massstabes zur Bemessung des sprachlichen Charakters der Schrift Claudians, Rücksicht genommen. Durch die besondere Güte des Herrn Professor Friedrich Leo in Rostock konnte ich hiezu die Aushängebogen der von dem während der Drucklegung verstorbenen Gelehrten Christian Lütjohann für die Monumenta Germaniae besorgten trefflichen Ausgabe des Sidonius, deren Erscheinen sich nur noch der Anfertigung der Indices wegen verzögert, benutzen, wofür ich hiermit den besten Dank ausspreche. Natürlich wurden auch die übrigen gallischen Schriftsteller gebührend berücksichtigt, von denen ja bereits eine schätzbare Anzahl in neuen kritischen Ausgaben, mit reichlichen Indices versehen, wie Sulpicius Severus von Halm, Ausonius von Schenkl, Salvianus von Halm und Pauly, Alcimus Avitus von Peiper, Ennodius von Hartel und Venantius Fortunatus[1] von Leo, denen sich in Kürze Petschenig's Cassianausgabe anreihen wird, vorliegt; auch für Faustus Reiensis und Ruricius, deren Ausgabe ich eben vorbereite, konnte bereits fast das ganze kritische Material in Betracht gezogen werden. Schwer wurde es dagegen empfunden, dass die gallischen Inschriften noch nicht im Berliner Corpus inscriptionum erschienen sind.

Die folgenden Blätter sind grossentheils aus den Collectaneen entstanden, die ich mir zur Zeit, als ich die Herausgabe Claudians für das Wiener Corpus scriptorum ecclesiasticorum latinorum besorgte, gelegentlich machte. Ich betone nochmals, dass ich bei Sichtung und Verwerthung jener Notizen nur den Zweck im Auge hatte, das Wichtigste und das für Claudian

---

[1] Ihn rechne ich hieher, weil er, obzwar Italiener von Geburt, in Gallien den grössten Theil seines Lebens verbrachte und seine Sprache den gallischen Einfluss nicht zu leugnen vermag.

am meisten Charakteristische vorzuführen, wodurch freilich vielleicht Manchem mein Aufsatz nicht ganz das zu erfüllen scheinen wird, was er sich vom Titel versprochen hatte. Immerhin jedoch hoffe ich sowohl die Sprache des Schriftstellers im Allgemeinen genügend charakterisirt, als auch im Besonderen für das lateinische Lexikon manchen brauchbaren Beitrag — so unbedeutend das Einzelne auch sein mag — geliefert zu haben.

Die Citate aus Claudianus Mamertus beziehen sich auf die Seitenzahl der von mir besorgten Ausgabe (Wien 1885), aus deren Index sich der, welcher hier zu wenig über die Sprache des Schriftstellers erörtert findet, ohne Mühe über das hier Uebergangene orientiren mag.

I. Allgemeine Charakteristik der Sprache Claudians.

Von Claudianus Mamertus, Presbyter der Kirche zu Vienne in Gallien, der in der zweiten Hälfte des fünften Jahrhunderts (gestorben um 473 74, vgl. Sidon. epist. IV, 11, worin es von ihm *nuper ereptus* heisst) lebte, besitzen wir ein philosophisches, aus drei Büchern bestehendes Werk *de statu animae* und zwei Briefe, von denen der eine an Apollinaris Sidonius, der zweite an den Rhetor in Vienne Sapaudus gerichtet ist. Das Hauptwerk *de statu animae* findet von literarhistorischem Standpunkte aus jetzt ziemlich wenig Anerkennung, und dies mit Recht; vgl. Teuffel, Geschichte der römischen Literatur, S. 1109: ,Ihrem Inhalte nach ist diese Schrift scholastisch, in der Form bald trocken, bald schwülstig.‘ Jedoch gänzlich im Unrechte befindet sich Lucian Müller, wenn er folgendes vernichtendes Urtheil fällt (Jahrb. für Phil., Bd. 93, S. 391): ,Das Werk des Claudianus ist eines der trockensten, abstractesten und für den nichtphilosophischen Leser ungeniessbarsten, die es in der lateinischen Patristik gibt.‘ Wer diese Worte liest und Claudians Werk kennt, wird mir gewiss beistimmen, dass Müller nur einen recht oberflächlichen Einblick in die Schrift des Scholastikers gethan haben kann, um solch ein völlig ungerechtfertigtes Urtheil abzugeben. Sind doch, um Anderes hier zu übergehen, bei Claudian allein zweifellos echte Fragmente mehrerer griechischer Philosophen des Alterthums — wenn auch nur in lateinischer Uebersetzung —, bei ihm allein mehrere Namen von Mitgliedern bestimmter griechischer Philosophenschulen erhalten! Ist ferner bei ihm auch die Sprache bald trocken, bald schwülstig, so bietet sie doch, wenn auch nicht für den Literarhistoriker, so doch für den Sprachforscher des Interessanten in Hülle und Fülle: die folgenden Blätter werden gerade davon, wie ich hoffe, genügende Beweise geben. Besonnen urtheilt Ebert, Geschichte der christlich-lateinischen Literatur (Leipzig 1874), S. 450: ,Die christliche Speculation ist im fünften Jahrhundert wenigstens durch ein für jene Zeit nicht unbedeutendes Werk repräsentirt, welches zugleich auch in stilistischer Beziehung bemerkenswerth ist: es ist dies die damals hochgerühmte Schrift des Claudianus Mamertus de statu animae'.[1]

Um einen richtigen Massstab zur gerechten Beurtheilung der Werke eines spätlateinischen Schriftstellers zu haben, der doch als Kind seiner Zeit und seiner Heimat gewürdigt werden muss und nicht mit dem Massstabe, der an die Classiker des alten Rom gelegt wird, gemessen werden darf, müssen die Zeugnisse seiner Zeitgenossen über ihn und seine literarische Thätigkeit wohl in Betracht gezogen werden. Derartige zeitgenössische Urtheile über Claudian sind uns nun erhalten durch Gennadius und besonders Apollinaris Sidonius. Gennadius de uir. illustr., cap. 83 nennt Claudian *,uir ad loquendum artifex et ad disputandum subtilis'*, und in noch weit höherem Grade preist ihn Sidonius, der an Nymphidius schreibt (epist. V, 2): *librum de statu animae tribus uoluminibus inlustrem Mamertus Claudianus peritissimus Christianorum philosophus et quoruulibet primus eruditorum totis sectatae philosophiae membris artibus partibusque comere et excolere curauit nouem quas uocant Musas disciplinas aperiens esse, non feminas. namque in paginis eius uigilax lector inueniet ueriora nomina Camenarum, quae propriam de se sibi pariunt nuncupationem. illic enim et grammatica diuidit et oratoria declamat et arithmetica numerat et geometrica metitur et musica ponderat et dialectica disputat et astrologia praenoscit et architectonica struit et metrica modulatur.* In einem Briefe schreibt Sidonius an Petreius, dessen Oheim Claudian eben gestorben war (epist. IV, 11, S. 62, 9 L.): *uir (Claudianus) si quidem fuit prouidus prudens, doctus eloquens, acer et hominum aeui loci populi sui ingeniosissimus quique indesinenter salua religione philosopharetur, et licet crinem barbamque non pasceret . . ., a collegio tamen complatonicorum solo habitu ac fide dissociabatur.* In demselben Briefe schickt Sidonius dem Petreius ein auf dessen

---

[1] Vgl. auch S. 452: ,Das Werk ist für seine Zeit keineswegs zu unterschätzen; es zeugt nicht blos von einer damals seltenen Gelehrsamkeit und dialektischen Schulung des Geistes, sondern auch von einer Freiheit und Selbständigkeit des Denkens, die für jene Tage alle Anerkennung verdient. Dieselbe offenbart sich auch in der Kühnheit, womit Claudian aus dem Sprachschatz der fernen Vorzeit wie der Gegenwart schöpft, allerdings mit Verzicht auf Eleganz des Ausdrucks.'

Oheim verfasstes Epitaph, in welchem es unter Anderem auch heisst (S. 63, v. 3):

> hoc dat cespite membra Claudianus,
> triplex bybliotheca quo magistro,
> Romana, Attica, Christiana fulsit.

Ich führe diese Verse an, weil aus ihnen hervorgeht, dass Claudianus auch der griechischen Sprache mächtig gewesen sein muss, welche zu jener Zeit in Gallien (ausser Massilia) bereits verschollen war (vgl. Teuffel, a. a. O. §. 466, 2). Auf diese Kenntniss des Griechischen spielen auch die Worte des Sidonius in dem Briefe an Claudianus an (epist. IV, 3, S. 55, 19): *ad extremum nemo saeculo meo quae uoluit adfirmare sic ualuit, si quidem, dum sese aduersus eum, quem contra loquitur, exsertat, morum ac studiorum linguae utriusque symbolam iure sibi uindicat.* Wieweit Claudian die griechische Sprache beherrschte, können wir insoferne noch beurtheilen, als er seinem Werke ein verhältnissmässig grosses Stück aus Platon's Phaedon (pag. 66 b—67 a) in lateinischer Uebersetzung eingefügt hat, das wir der Uebersichtlichkeit halber unter Beifügung des griechischen Textes wiedergeben:

Plat. Phaed. 66 b — 67 a.

"Ότι, έως άν τό σώμα έχωμεν καὶ συμπεφυρμένη ᾖ ἡμῶν ἡ ψυχὴ μετὰ τοιούτου κακοῦ, οὐ μή ποτε κτησώμεθα ἱκανῶς οὗ ἐπιθυμοῦμεν· φαμὲν δὲ τοῦτο εἶναι τὸ ἀληθές. μυρίας μὲν γὰρ ἡμῖν ἀσχολίας παρέχει τὸ σῶμα διὰ τὴν ἀναγκαίαν τροφήν· ἔτι δέ, ἄν τινες νόσοι προσπέσωσιν, ἐμποδίζουσιν ἡμῶν τὴν τοῦ ὄντος θήραν· ἐρώτων δὲ καὶ ἐπιθυμιῶν καὶ φόβων καὶ εἰδώλων παντοδαπῶν καὶ φλυαρίας ἐμπίπλησιν ἡμᾶς πολλῆς, ὥστε τὸ λεγόμενον ὡς ἀληθῶς τῷ ὄντι ὑπ᾽ αὐτοῦ οὐδὲ φρονῆσαι ἡμῖν ἐγγίγνεται οὐδέποτε οὐδέν . . . . . τὸ δ᾽

Claud. Mam. II, 7

Donec corpus habeamus permixtusque sit tali malo noster animus, numquam nos id quod iam olim concupiscimus satis plene consecuturos, concupiscimus autem ueri scientiam. corpus enim nobis primum innumerabiles et infinitas occupationes infert, quibus conterimur ob necessarium uictum et alimenta cotidiana. deinde si qui morbi ingruerint, impedimento sunt quominus inquirere et inuenire ueritatem possimus. nam cupiditatibus et cupidinibus et timoribus innumerabilibus, uariarum rerum adpetitionumque uisionibus et in-

ἔσχατον πάντων, ὅτι, ἐάν τις
ἡμῖν καὶ σχολὴ γένηται ἀπ' αὐτοῦ
καὶ τραπώμεθα πρὸς τὸ σκοπεῖν
τι, ἐν ταῖς ζητήσεσιν αὖ πανταχοῦ
παραπῖπτον θόρυβον παρέχει καὶ
ταραχὴν καὶ ἐκπλήττει, ὥστε μὴ
δύνασθαι ἐπ' αὐτοῦ καθορᾶν
τἀληθές, ἀλλὰ τῷ ὄντι ἡμῖν δέ-
δεικται, ὅτι, εἰ μέλλομέν ποτε
καθαρῶς τι εἴσεσθαι, ἀπαλλα-
κτέον αὐτοῦ καὶ αὐτῇ τῇ ψυχῇ
θεατέον αὐτὰ τὰ πράγματα · καὶ
τότε, ὡς ἔοικεν, ἡμῖν ἔσται, οὗ
ἐπιθυμοῦμέν τε καί φαμεν ἐρα-
σταὶ εἶναι φρονήσεως, ἐπειδὰν
τελευτήσωμεν, ὡς ὁ λόγος ση-
μαίνει, ζῶσιν δὲ οὔ. εἰ γὰρ μὴ
οἷόν τε μετὰ τοῦ σώματος μηδὲν
καθαρῶς γνῶναι, δυοῖν θάτερον,
ἢ οὐδαμοῦ ἔστιν κτήσασθαι τὸ
εἰδέναι ἢ τελευτήσασιν· τότε γὰρ
αὐτὴ καθ' αὑτὴν ἡ ψυχὴ ἔσται
χωρὶς τοῦ σώματος, πρότερον δ'
οὔ. καὶ ἐν ᾧ ἂν ζῶμεν, οὕτως,
ὡς ἔοικεν, ἐγγυτάτω ἐσόμεθα τοῦ
εἰδέναι, ἐὰν ὅτι μάλιστα μηδὲν
ὁμιλῶμεν τῷ σώματι μηδὲ κοι-
νωνῶμεν, ὅ τι μὴ πᾶσα ἀνάγκη,
μηδὲ ἀναπιμπλώμεθα τῆς τούτου
φύσεως, ἀλλὰ καθαρεύωμεν ἀπ'
αὐτοῦ, ἕως ἂν ὁ θεὸς ἀπολύσῃ
ἡμᾶς. καὶ οὕτω μὲν καθαροὶ
ἀπαλλαττόμενοι τῆς τοῦ σώματος
ἀφροσύνης, ὡς τὸ εἰκός, μετὰ
τοιούτων τε ἐσόμεθα καὶ γνωσό-
μεθα δι' ἡμῶν αὐτῶν πᾶν τὸ
εἰλικρινές.

finita quadam dementia corpus oneratur, ut prae illo ne sapere quidem ulla in re possimus. et si quando tempus aliquod ad philosophandum uacuum uel habuerimus uel fecerimus, tunc quoque in ipsis cogitationibus nostris corpus intercurrit turbam errorum inferens menti, ut obcaecante illo ueritatem peruidere non possimus. itaque unum hoc in omni quaestione et id quidem euidentissime probatur, si quid umquam bona fide scire uolumus, recedendum esse a corpore et in ipso animo res considerandas. tunc enim uidemur consecuturi quod concupiscimus et cuius rei amatores nos profitemur, cum defuncti erimus, nam dum uiuimus desperandum est. etenim si constat nihil sinceri mixtum corpori animum peruidere posse, sequitur alterutrum, aut nullo tempore nec usquam contingere homini ueram scientiam posse aut tunc demum, cum excesserimus e uita. defunctorum enim animus liber est et solutus a corpore. eo autem tempore quo uiuimus ita demum adpropinquabimus adplicabimurque scientiae, si nihil aut quam minimum corpore utamur neque in societate eius, nisi quatenus necesse est, animum dimittamus. ita enim minime replebimur uitiosa turbulentaque natura corporis, sed puri a contagione eius, in quantum facere

possumus, erimus et, si ita feceri-
mus, incorrupti sinceríque digre-
dientes ad omnia incorrupta sin-
ceraque ueniemus.

Mit dem Originale verglichen ist diese Uebertragung fast vollständig wortgetreu und gibt auch den Sinn vollkommen richtig
wieder. Dass sie von Claudian selbst herrührt und nicht etwa
einer damals circulirenden lateinischen Uebersetzung des Phaedon entnommen ist, scheinen die unmittelbar folgenden Worte
(S. 127, 3): *haec ad uerbum ex dialogo philosophi admodum
principis excerpenda atque huic nostro inserenda uolumini ratus
sum* hinlänglich zu bestätigen. Bei dem übergrossen Ansehen,
in dem des Apuleius Schriften in den damaligen gallischen
Rhetorenschulen standen, worüber wir bald ausführlicher zu
sprechen haben werden, möchte man freilich vielleicht an eine
Benützung der apuleianischen Bearbeitung des platonischen
Phaedon denken, von der Sidonius berichtet (epist. II, 9, S. 31,
24): *quamquam sic esset (Origenes) ad uerbum sententiamque
translatus, ut nec Apuleius Phaedonem sic Platonis neque Tullius
Ctesiphontem sic Demosthenis in usum regulamque Romani sermonis
exscripserint* (cf. Prise. X, 19, p. 511 H.). Indess hat es für
mich wenig Wahrscheinlichkeit, dass Apuleius' Uebertragung
sich dem Original so eng anpasste, wie dies bei Claudian der
Fall ist. Auch für die anderen, leider wenig umfangreichen
Fragmente griechischer Philosophen dürfen wir eine gleiche
Zuverlässigkeit betreffs der Uebersetzung voraussetzen, und
auch der Verdacht, als seien die Citate erdichtet (nach der
bekannten Methode des Mythographen Fulgentius oder des
Grammatikers Vergilius), wäre durch nichts gerechtfertigt.

In der Collectio Pisaurensis (tom. V) findet man sogar
zwei griechische Gedichtchen unter dem Namen des Claudianus
Mamertus: εἰς τὸν σωτῆρα und εἰς τὸν δεσπότην Χριστόν, indess ist
ihre Unechtheit schon längst erkannt worden, und ich hätte
sie mit keinem Worte berührt, wenn nicht Teuffel für ihre
Echtheit eingetreten wäre (Röm. Lit.-Gesch., §. 468, 5): ‚Da
Sidonius (epist. IV, 11) Gedichte in griechischer Sprache ihm
beilegt, so mag er wirklich der Verfasser sein.‘ An der angeführten Stelle spricht jedoch Sidonius nirgends von Gedichten

in griechischer Sprache, und offenbar hat Teuffel die Worte
*triplex bybliotheca quo magistro Romana, Attica, Christiana
fulsit* missverstanden. *bybliotheca Attica fulsit (in eo)* kann
nicht in Bezug auf von ihm verfasste griechische Gedichte
gesagt sein, denn wie wäre dann neben *bybliotheca Romana*
(lateinische Schriften) das *bybliotheca Christiana* zu verstehen?
Ich denke aber, dass der Sinn jener Worte des Sidonius ganz
naheliegend ist, nur freilich grundverschieden von der Auslegung Teuffel's. Claudian führt nämlich im zweiten Buche
de statu animae eine Reihe von Zeugnissen alter Schriftsteller
über die incorporalitas der Seele vor, und zwar im 7. Capitel
Stellen aus griechischen Philosophen, im folgenden solche aus
römischen Schriftstellern und endlich im 9. Capitel Zeugnisse
von christlichen Kirchenschriftstellern über denselben Gegenstand. Darauf spielt ohne Zweifel Sidonius mit obigen Worten
an, und somit fällt Teuffel's Begründung der Echtheit jener
griechischen Poeme.

Es ist zur Genüge bekannt, dass Sidonius in seinem
Lobe von Freunden und deren literarischen Producten überhaupt nicht gerade karg ist — man vergleiche beispielsweise
die Tirade auf den Rhetor in Bordeaux, Lampridius (epist. VIII,
11) —, doch des Lobes reichste Fülle strömte er über Claudian
aus in dem an diesen gerichteten dritten Briefe des vierten Buchs.
Wir sind gewiss weit davon entfernt, die masslosen und über-
schwänglichen Lobeserhebungen des Sidonius für bare Münze
zu nehmen, jedoch ihrer bombastischen Einkleidung entledigt
und auf ein vernünftiges Mass zurückgeführt, können sie
Manches zur richtigen Charakteristik Claudians beitragen.
Wenn Sidonius in Claudian alle Vorzüge eines Pythagoras,
Socrates, Plato, Aristoteles, Aeschines, Demosthenes, eines Hor-
tensius, Cethegus, Curio, Fabius, Crassus, Cäsar, Cato, Appius,
Tullius, eines Hieronymus, Lactantius, Augustinus, Hilarius,
Johannes, Basilius, Gregorius, Orosius, Rufinus, Eusebius,
Eucherius, Paulinus und Ambrosius vereinigt findet, so ist dies
einfach ein heiter stimmendes Beispiel, was ein angesehener
Schriftsteller des 5. Jahrhunderts an Uebertreibung leisten kann.

Mehr Glauben jedoch verdienen und nicht gänzlich aus
der Luft gegriffen sind des Sidonius Bemerkungen über die
Sprache Claudians; er schreibt darüber (epist. IV, 3, S. 54, 20):

*praeter aequum ista coniectas, si reare mortalium quempiam,
cui tamen sermocinari Latialiter cordi est, non pauere,
cum in examen aurium tuarum quippe scriptus adducitur; tuarum,
inquam, aurium, quarum peritiae, si me decursorum ad hoc aeui
temporum praerogatiua non obruat, nec Frontonianae grauitatis
aut ponderis Apuleiani fulmen aequiperem, cui Varrones uel Ata-
cinus uel Terentius, Plinii uel auunculus uel Secundus compositi
in praesentiarum rusticabuntur. adstipulatur iudicio meo uolumen
illud, quod tute super statu animae rerum uerborumque scientia
diuitissimus propalauisti . . . at quod, deus magne, quantumque
opus illud est, materia clausum declamatione conspicuum, propo-
sitione obstructum disputatione reseratum, et quamquam propter
hamata syllogismorum puncta tribulosum, uernantis tamen eloquii
flore mollitum, noua ibi uerba, quia uetusta, quibusque conlatus
merito etiam antiquarum litterarum stilus antiquaretur, quodque
pretiosius, tota illa dictio sic caesuratim succincta quod profluens,
quam rebus amplam strictamque sententiis sentias plus docere
quam dicere.* Diese Stelle ist werth, zum Ausgangspunkte einer
kurzen Besprechung über die Pflege der lateinischen Literatur
in Gallien im Zeitalter des Sidonius gemacht zu werden.

Die Diction Claudians muss seinen Zeitgenossen als eine
mustergiltige und geradezu tonangebende erschienen sein; sie
wird von Sidonius um so höher gepriesen, als sie auch mit
dessen eigenem genus dicendi die allergrösste Aehnlichkeit hat.
Diese Aehnlichkeit ist um so auffallender, als die Stilgattung
beider Autoren doch so grundverschieden ist. Wer möchte
glauben, dass der philosophische Tractat Claudians für den
Briefstil des Sidonius so reiche Ausbeute lieferte, wie wir dies
bald ausführlich darlegen werden? Dafür kann ich nur die
eine Erklärung finden, dass der Unterricht, den beide Männer
genossen, sehr gleichartig gewesen sein muss und deshalb auch
ihrer Diction einen so homogenen Charakter aufdrückte.

Worin bestand nun dieser Unterricht? Allenthalben liest
man bei den Schriftstellern der zweiten Hälfte des 5. Jahrhunderts die Klage, dass die lateinische Rede immer mehr und
mehr aus Gallien verschwinde. Das deutsche und celtische
Idiom griff immer weiter um sich. An der Mosel sprach schon
Alles fast deutsch, und Sidonius spendet dem Arvogast, dem
potor Mosellac, das wehmüthige Lob (epist. IV, 17, S. 68, 9):

quocirca sermonis pompa Romani, si qua adhuc uspiam est, Belgicis olim sive Rhenanis abolita terris in te resedit, und aus einer anderen Stelle geht hervor, dass im Arvernerlande das Celtische stets Volkssprache geblieben war und nur dem Adel durch Ecdicius, dem Zeitgenossen des Sidonius, einiges Interesse an lateinischer Bildung eingeflösst wurde (epist. III, 3, S. 41, 13): *mitto istic . . tuae personae quondam debitum, quod sermonis Celtici squamam depositura nobilitas nunc oratorio stilo, nunc etiam Camenalibus modis imbuebatur.* In dem Briefe an den Rhetor von Vienne Sapaudus klagt Claudian (S. 204, 22 ff.): *uideo os Romanum non modo neglegentiae, sed pudori esse Romanis, grammaticam uti quandam barbaram barbarismi et soloecismi pugno et calce propelli*, und ähnlich schreibt Sidonius (epist. II, 10, S. 33, 8): *illud appone, quod tantum increbuit multitudo desidiosorum, ut, nisi uel paucissimi quique meram linguae Latiaris proprietatem de triuialium barbarismorum robigine uindicaueritis, eam breui abolitam defleamus interemptamque: sic omnes nobilium sermonum purpurae per incuriam uulgi decolorabantur.* Solche Aeusserungen zeigen zur Genüge, dass die römische Sprache damals nur mehr Eigenthum der Gebildeten war. An den Fürstensitzen der Westgothen in Toulouse und der Burgunden in Vienne mochte die römische Literatur wohl noch für längere Zeit ihr bescheidenes Dasein fristen, hauptsächlich aber war es der Clerus, bei dessen begabteren Mitgliedern römische Sprache und Literatur noch eifrige Pflege fand.

Woher schöpfte aber der Clerus diese seine Bildung? An Klosterschulen darf man bei den Männern, welche den Kreis um Sidonius bilden, nicht denken. Ihre Bildungsstätten waren vielmehr die Rhetorenschulen, und wenn auch die Kirche die Studien der Rhetoren verdammte, so geben doch gerade die hervorragendsten kirchlichen Würdenträger der damaligen Zeit die klarsten Beweise ihrer relativ eingehenden rhetorischen Bildung. Dass besonders Gallien fruchtbar an Rhetorenschulen gewesen sein muss, das zeigen die üppigen Früchte, die jene hier trugen, die Werke der gallischen Panegyriker, die Schriften des Ausonius, die Briefe und Gedichte des Sidonius, sowie im 6. Jahrhundert die Declamationen des Ennodius. Im Uebrigen verweise ich auf die nützliche Abhandlung von Georg Kaufmann, Rhetorenschulen und Klosterschulen oder heidnische und christliche Cultur in Gallien während des 5. und 6. Jahrhunderts, in Raumer's Historischem Taschenbuch (4. Folge, 10. Jahrgang) 1869, S. 1—94. Ich muss übrigens hier in einem Punkte Kaufmann entgegentreten, wenn er schreibt (S. 69): ,Claudianus Mamertus, der von seinen Zeitgenossen und auch von Sidonius bewundert wurde, weil er in geistlicher wie in weltlicher Wissenschaft Alle übertreffe, der den Rhetor Sapaudus bei seinen Bemühungen, das Studium der Alten in der Stadt Vienne neu zu beleben, unterstützte, Mamertus war von Jugend auf in einem Kloster erzogen, wahrscheinlich in dem Kloster Grigny.' Kaufmann kann diese Notiz nur aus secundärer Quelle geschöpft haben, denn überliefert ist Derartiges über die Erziehung Claudians in einem Kloster nicht. Und ist es überhaupt auch wahrscheinlich? Konnten die damals in ihren ersten Anfängen sich befindenden Klosterschulen einen solchen Unterricht, wie er bei Claudian vorauszusetzen ist, gewähren? Gewiss nicht; dies sieht auch Kaufmann ein und nimmt an, dass Claudian seine profane und theologische Bildung ,zum besten Theil der privaten Anleitung eines gelehrten Mönchs und eigenen Studien' verdankte (S. 70). Ich für meinen Theil glaube, dass man nicht umhin wird können, anzunehmen, dass er in seiner Jugend eine Rhetorenschule besuchte. Man lese nur die Schriften von zeitgenössischen Schriftstellern, die von Jugend auf in Klöstern erzogen wurden, wie Salonius, Vincentius Lerinensis, Hilarius Arelatensis (vgl. des Eucherius instruct. I, praef., bei Migne L, 773), und man wird den Abstand zwischen Kloster- und Rhetorenunterricht unmöglich verkennen können. Dass übrigens damals die Rhetorenschulen in Gallien untergegangen waren, ist eine durch nichts gerechtfertigte Annahme Kaufmann's (S. 70), der er selbst mehrmals widerspricht, und es genügt, an den Rhetor Sapaudus zu erinnern, von dem nach den Worten Claudians (S. 205, 19 ff.): *fac memineris docendi munus tibi a proauis et citra hereditarium fore . . admonitus quoque sis oportet Viennensis urbis nobilitatis antiquae, cuius tu ciuis et doctor (es)* angenommen werden muss, dass er Leiter einer von seinen Vorfahren ererbten Schule war. Zahlreiche andere Rhetoren, unter ihnen besonders Lampridius von Bordeaux (epist. VIII, 11), werden von Sidonius erwähnt.

Claudian verdankte also den Rhetorenschulen wohl einen Grosstheil seiner literarischen Bildung, und zumal die formelle Seite seiner Schriften verräth die Schule, die ihn gänzlich beeinflusste, auf den ersten Blick. Wir kommen hier auf die oben angeführte Stelle des Sidonius über die Sprache Claudians zurück. Daselbst wird diese mit dem *fulmen Frontonianae gravitatis aut ponderis Apuleiani* einerseits und dem *sermo urbanus* (als Gegensatz zu *rusticabuntur*) der beiden Varro und Plinius anderseits verglichen; natürlich muss Claudian sie Alle weitaus übertreffen. Männer also wie Fronto und Apuleius galten als besonders nachahmenswerth: das lernte man in den Rhetorenschulen, in denen man die Rede nach der Manier jener zu bilden als höchstes Ziel betrachtete. Wer die Briefe des Sidonius aufmerksam durchliest, wird bald gewahr werden, dass ihnen Apuleius' Schriften weit mehr zum stilistischen Vorbilde dienten als Plinius und Symmachus, deren Nachbildung der Autor selbst betont. Dass es sich bei Claudian ganz ebenso verhalte, wird bald durch zahlreiche Beispiele gezeigt werden. Deshalb kann der Einfluss der schwülstigen Schreibart des Apuleius auf die gallischen Rhetorenschulen des 5. Jahrhunderts und durch diese auf die aus ihnen hervorgegangenen Schriftsteller nicht genug hervorgehoben werden. So befindet sich W. Teuffel sehr im Unrechte, wenn er in seiner Literaturgeschichte gelegentlich der Besprechung des Stiles des Fulgentius (§. 480, 8) schreibt: ,Des Fulgentius stilistische Vorbilder sind Apuleius und Martianus Capella. Aber auch mit Sidonius hat er Aehnlichkeit genug, um den Gedanken an eine specifisch ,afrikanische Latinität' nicht aufkommen zu lassen.' Sidonius hat eben von Apuleius so viel entlehnt, dass das afrikanische Latein deshalb noch nicht geleugnet zu werden braucht, wenn ein Nachbeter des Apuleius, wie Fulgentius, sich öfters mit der Diction des Sidonius berührt.

Ferner lobt Sidonius an der Sprache Claudians: *noua ibi uerba, quia uetusta*, also den Gebrauch obsoleter Wörter. Dies ist ein weiterer Einfluss der Rhetorenbildung: die Nachahmer des Apuleius mussten nothgedrungen auch für Archaismen schwärmen. Die verhältnissmässig so wenig umfangreichen Schriften Claudians bieten eine stattliche Reihe von antiquirten d. h. zu des Autors Zeiten nicht mehr gebräuchlichen Wörtern.

Ihrem afrikanischen Vorbilde getreu, wussten unsere gallischen Lehrer der Rhetorik auch jene Regeln über den kunstvollen Satzbau, die effectvolle Gruppirung der einzelnen Theile desselben, den harmonischen Wortfall, das reimartige oder wenigstens rhythmische Ausklingen der Schlusssilben und andere derartige Mittelchen der Effecthascherei ihren gelehrigen Schülern beizubringen. Beispiele dafür aus Sidonius oder Claudian beizubringen, hiesse wohl Eulen nach Athen tragen.

Wir sehen also, dass Claudians Sprache zielbewusste Nachahmung des apuleianischen Stiles ist. Uebrigens spricht sich Claudian selbst in dem Briefe an den Rhetor Sapaudus über zu seiner Zeit als empfehlenswerth geltende stilistische Vorbilder folgendermassen aus (S. 205, 30 ff.): *Naeuius et Plautus tibi ad elegantiam, Cato ad grauitatem, Varro ad peritiam, Gracchus ad acrimoniam, Chrysippus (?) ad disciplinam, Fronto ad pompam, Cicero ad eloquentiam capessendam usui sint ... illi ergo reuentilandi memoriaeque mandandi sunt, de quibus isti potuere proficere, quos miramur.* Chrysippus passt in diese lateinische Autorengesellschaft nicht und wird deshalb wohl *Crispus* zu schreiben sein, unter welchem Namen Sallustius auch S. 130, 12 (ebenso bei Sidonius epist. V, 3, S. 79, 26 und carm. II. 190) angeführt wird, wo aber ebenfalls fast sämmtliche Handschriften — darunter auch E, in der allein der Brief an Sapaudus erhalten ist — *Chrysippi* (*Chrisippi, Crisippi*) statt *Crispi* bieten.

Sehen wir uns nun die einzelnen Namen etwas näher an: Naevius und Plautus gelten Claudian als elegante Stilmuster, weiters werden Cato, Varro, Gracchus und Sallust empfohlen und vor Allen Fronto wegen der *pompa*. Teuffel (a. a. O. §. 466, 16) nennt dies eine ‚Anhäufung von Autorennamen der alten Zeit mit einem charakteristisch sein sollenden, aber meist phraseologischen Epitheton'; ich glaube, dass er hierin unserm Claudian Unrecht thut. Neben einer Reihe von alterthümlichen oder mindestens archaisirenden Schriftstellern der Republik, an die Cicero sich wohl nur honoris causa reiht, erscheint Fronto, und dass man gerade dieser Männer Schriften studiren müsse, wird damit begründet, dass von ihnen *isti potuere proficere, quos miramur.* Wer dächte dabei nicht sofort an Apuleius, den allerdings geistvolleren Vertreter der frontonia-

nischen Manier? Wir haben hier gewissermassen einen Kanon
jener Prosaiker vor uns, die in den Rhetorenschulen des
5. Jahrhunderts in Gallien in grösserem oder geringerem Um-
fange gelesen worden sein mögen. Von den alten Komikern
zum Mindesten, sowie Varro und Sallust darf dies als feststehend angenommen werden. Cicero wird nicht allzu eingehend behandelt worden sein, Cato und Gracchus kannte man
möglicherweise mehr dem Namen und dem Lobe nach, das
ihnen Fronto (vgl. epist. p. 114 N.: *contionatur Cato infeste,
Gracchus turbulente, Tullius copiose*) und Apuleius (vgl. Apol. 95)
spendeten, als aus eigener Lectüre. Hauptaufgabe war natürlich genaues Studium des Schwulstes des Fronto und Apuleius.

Wie gross die Neigung zu den rhetorischen Studien und
den aus der Schule her geläufigen Disputirübungen bei Claudian gewesen sein muss, geht daraus hervor, dass Sidonius
von ihm erzählt (epist. IV, 11, S. 62, 13ff.), er habe noch in
seinen späteren Jahren um sich gelehrte Cirkel gebildet
*noluptuosissimum reputans, si forte oborta quarumpiam quaestio-
num insolubilitate labyrinthica scientiae suae thesauri erentila-
rentur. iam si frequentes consederamus, officium audiendi omnibus
iniungebat, uni solum quem forte elegissemus deputans ius lo-
quendi, uiritim uicissimque, non tumultuatim nec sine schematis
cuiuspiam gestu artificioso doctrinae suae opes erogaturus. dein
quaecumque dixisset protinus reluctantium syllogismorum con-
trarietatibus excipiebamus: sed repellebat omnium nostrum teme-
rarias oppositiones* etc. Wer dies liest, glaubt sich sicher eher
mit einer derartigen Unterhaltung in den Hörsaal eines Rhe-
tors, als in die Stube eines Presbyters der Kirche versetzt.
Und ein solcher Mann sollte keinen anderen Unterricht als den
der Klosterschule oder höchstens noch den Privatunterricht
eines gelehrten Mönches genossen haben?

Fassen wir nunmehr die Resultate zusammen, die wir
aus unserer bisherigen Darstellung für die Erkenntniss der
Diction Claudians gewinnen, so sind es kurz folgende: Als aus
einer Rhetorenschule hervorgegangener Schriftsteller verwendet
Claudian auf die Diction weit mehr Sorgfalt als die meisten
seiner in Klosterschulen erzogenen Zeitgenossen. Höhere Bildung verräth er auch durch vollkommene Beherrschung der
griechischen Sprache. Sein genus dicendi ist von der Manier

des Apuleius stark beeinflusst. Er ahmt deshalb denselben
sowohl in einzelnen Phrasen und Redewendungen, als auch in
speciell jenem eigenthümlichen Wörtern nach und bekundet
dieselbe Vorliebe für archaische, der Sprache der Komiker an-
gehörende Worte, wie jener.

Wir gehen nun daran, die Beispiele zusammenzustellen,
durch die wir uns oben für gerechtfertigt hielten, auf

Bowusste Nachahmung des Apuleius bei Claudian

einen Schluss zu ziehen.

A.

Wir führen zuerst eine Reihe von Phrasen und Redewendungen des Apuleius vor, die sich entweder wörtlich auch
bei Claudian finden, oder die doch wenigstens dem Claudian
zum deutlichen Vorbilde gedient haben. Ich citire hiebei Apuleius' Metamorphosen nach der Ausgabe von Fr. Eyssenhardt
(Berlin 1869), die philosophischen Schriften nach der Recension
Al. Goldbacher's (Wien 1876), endlich De magia (Apologia)
und Florida nach Gust. Krueger (Berlin 1864 und 1865):

Met. II, 7, S. 21, 22 *accedo et, quod aiunt, pedibus in senten-
    tiam meam uado,* vgl. Met. VI, 32, S. 117, 7 *non pedibus
    sed totis animis latrones in eius uadunt sententiam* (als
    terminus technicus von den Senatoren gebraucht bei Sallust
    und Liv. V, 9, 2; IX, 8, 13 u. ö. — Cl. 48, 7 *(ut) in ma-
    gistri sententiam pedibus, ut aiunt, transeam.*

De deo Socr. prol. S. 1, 2 *prout mea opinio est;* ebenso
    Claud. 128, 8.

De mag. 3, S. 6, 8 *ut mea opinio fert,* vgl. ib. 95. — Cl.
    141, 13 *prout mea opinio fert.*

De Deo Socr. prol., S. 2, 21 *uel inaequalitate aspera uel
    lenitate lubrica uel angulis eminula uel rotunditate
    uolubilia.* — Cl. 25, 1 *quae subterluuione cedentia uel
    leui prono lubrica uel cauo pendula uel sudibus aspera
    sunt,* dazu vergleiche man Sid. epist. III, 2 (40, 13) *aggeres
    anxis asperos aut fluuios gelu lubricos aut colles ascensu
    salebrosos aut ualles lapsuum assiduitate derasas.*

Ibid. 8, S. 12, 24 *cum sit aeris agmen immensum usque ad citimam
    lunae helicem, quae porro aetheris sursum uersus
    exordium est.* — Cl. 144, 18 *erin profundum aeris us-*

que ad lunaris sideris citimum lumen, abhinc ignium
aetheriorum spatia.

Ibid. 10, S. 14, 9 *aguntur uolatu perniciore.* — Cl. 150, 14
uolatu perniciore transcende omnia corporea.

De dogm. Plat. I, 8, S. 70, 8 *hinc illud etiam cum septem*
locorum motus habeantur, progressus et retrocessus,
dexteriores ac sinistri, sursum etiam deorsumque
nitentium et quae in gyrum circuitumque torquentur. —
Cl. 67, 8 *subiacet autem (corpus) pro numero partium sex*
utique motibus. mouetur autem omne corpus sursum deor-
sum, in dextrum ac sinistrum, priorsus et retrorsus,
mouetur autem etiam motu septimo, sicut est rotae et
sphaeroidis. Hier haben mit Ausnahme von *M* alle Handschriften mindestens von erster Hand die Lesart *retro-*
cessus für *retrorsus* — eine merkwürdige Variante.

Ibid. I, 9, S. 70, 21 *animam uero animantium omnium*
non esse corpoream nec sane perituram, cum corpore
fuerit absoluta . . . ipsamque semper et per se moueri
agitatricem aliorum, quae natura sui immota sunt
atque pigra. — Cl. 124, 17 *anima, inquit (Platon in libro,*
quem περὶ φυσικῆς scripsit), animantium omnium cor-
poralis non est ipsaque se mouet aliorum quoque
agitatrix, quae naturaliter immota sunt. Bezeichnend
dafür, dass hier Claudian direct aus Apuleius schöpfte
und nicht aus Plato, ist der Ausdruck *agitatrix* in übertragener Bedeutung, den die Lexika nur mit der angeführten Stelle des Apuleius zu belegen wissen.

Ascl. 3, S. 30, 2 *nunc mihi adesto totus, quantum mente*
uales. — Cl. 174, 13 *nunc igitur adesto totus et quam*
potis es praesens fito.

De mag. 8, S. 11, 15 *quin ei nocens lingua . . semper in fetu-*
tinis et olenticetis suis iaceat. — Cl. 137, 1 *alium*
situ fetidinarum turpium ex olenticetis suis ac
tenebris cloacam uentris et oris inhalare sentinam. Dass
auch hier die Nachahmung evident ist, muss schon aus
dem sonst nirgends vorkommenden Substantiv *olenticetum*
noch dazu in Verbindung mit dem ebenfalls sehr seltenen
fetutinae (fetidinae, über die Schreibweise wird weiter
unten gesprochen werden) geschlossen werden.

Ibid., S. 11, 17 *nam quae, malum, ratio est linguam mundam .. possidere?* — Cl. 172, 18 *quae, malum, ratio est illis eandem credi similem?* Ebenso Livius V, 54, 6 (Rede des Dictators Furius Camillus): *quae, malum, ratio est expertis alia experiri,* Cic. Phil. X, 18 *quae, malum, est ista ratio semper . . opponere* (vgl. Acta sem. phil. Erläng. I. 173) und nach Claudian Ennodius 35, 11 *quae, malum, ratio est, ut ita sis parcus in gratia* (vgl. 325, 8. 443. 9 Hartel). Vergleiche überhaupt Martha, Sur le sens de l'exclamation *malum* in der Revue de philologie, Bd. III. 19—25 und Bd. VII, 1—5.

Ibid. 11, S. 18, 4 *ande sis, Aemiliane, dicere.* — Cl. 33, 11 *aude sis non fateri* (nach meiner Conjectur, die Handschriften haben *audes his [audes is M]*).

Ibid. 15, S. 23, 3 *radii nostri seu mediis oculis proliquati et lumini extrario mixti . . cum alicui corpori inciderunt spisso et splendido et leui, paribus angulis quibus inciderant resultent ad faciem suam reduces.* — Cl. 45, 8 *ex quibus radii per oculorum media profusi ac lumini extero commixti corporum quae inciderint repercussu retrouersim cedentes eorundem colores ac formas hauriunt.*

Ibid. 19, S. 28, 6 *oneri potius quam usui exuberat.* — Cl. 75, 20 *animo dominandi accidit difficultas et incipit esse oneri quod erat usui.* Ebenso schon Sallust Iug. 14, 4 *cogor prius oneri quam usui esse.*

Ibid. 36, S. 46, 4 *Aristotelis . . περὶ ζῴων ἱστορίας multiinga uolumina.* — Cl. 135, 18 *editis in rem fidei multiingis nariorum operum uoluminibus.*

Ibid. 41, S. 51, 18 *hoc quis ferat philosopho crimen esse quod lanio uel coquo non fuisset?* — Cl. 23, 22 *haec quis ferat . . hominum quempiam et infitiari scientiam etc.*

Ibid. 74, S. 84, 10 *cui errorem suum deprecanti simpliciter ignoui.* — Cl. 48, 8 *ueniam deprecaturus erroris mei.* Da hier alle Handschriften ausser *M nec deprecatus errorem* haben, so mag mit Rücksicht auf die Parallelstelle aus Apuleius die Vermuthung gestattet sein, dass vielleicht *meum deprecaturus errorem* zu schreiben sei.

Ibid. 75, S. 86, 11 *quae omnia . . hic degulator studiose in uentrem condidit et omnimodis conlurcinationibus dilapidauit.* — Cl. 137, 4 *ab alio, qui stipem suam uariis conlurcinationibus dilapidauit.* Bei Claudian ist *conlurcinationibus* eine Conjectur Schott's, die ich mit um so geringerer Scheu in den Text aufnahm, als apuleianische Ausdrücke wie *fetidinae* und *olenticeta* auch unmittelbar vorausgehen (in demselben Satze). Später (vgl. meine Ausgabe praef. p. XLVI) entstanden in mir doch Bedenken, ob nicht die Lesart der sämmtlichen Handschriften *conlucernationibus* — ein Wort, welches ganz regulär gebildet ist und passend durch ‚nächtliche Zechgelage, Gelage bei Laternenschein' übersetzt werden kann, man denke an das Horazische (Od. I, 27, 5) *uino et lucernis Medus acinaces immane quantum discrepat* — vorzuziehen sei. Ich bin auch jetzt noch der letzteren Ansicht und möchte vielmehr glauben, dass Claudian an der Stelle des Apuleius ebenfalls *conlucernationibus* las. Man darf dabei nicht ausser Acht lassen, dass *conlurcinatio* ein ἅπαξ εἰρημένον und möglicherweise eine uralte, sehr naheliegende Conjectur für das schwerer verständliche *conlucernatio* ist, also gar nicht von Apuleius selbst herrührt. Uebrigens soll nicht verschwiegen werden, dass an und für sich betrachtet die Bildung *conlurcinatio* nicht auffällig ist, da neben *lurcare (lurcari)* auch ein *lurcinari* bestanden haben muss, indem Cato (nach Quintil. I, 6, 42) *lurcinabundus* gebrauchte.

Ascl. 26, S. 49, 17 *ipsum uelle e uoluntate (est).* — Cl. 86, 11 *ipsum uelle substantia est.* Auch der von Claudian so häufig (76, 10. 83, 8. 92, 18. 156, 2. 185, 7) gebrauchte Tropus *oculus mentis* (gewöhnlich *oculi m.*) findet sich bei Apuleius de dogm. Plat. I, 6, S. 67, 27 *(essentia) quae mentis oculis comprehenditur,* übrigens hat ihn auch Augustin z. B. de quantit. animae IV, 6 gebraucht. Die Wendungen bei Claudian 125, 8 *nubilum ignorantiae* und 145, 3 *opacum nubilum rerum caligantium* mögen dem *nubilum mentis* bei Apul. de mag. 50, S. 60, 19 nachgebildet sein; übrigens muss die Wendung sehr beliebt gewesen sein, da Cyprian 426, 6 II. *nubilum liuoris,* Salvian ad eccl. I, 43 *nubilum*

3

erroris, Alcimus Avitus 79, 30 (Peiper) *nubilum ambiguitatis* und Ennodius (409, 26), sowie Sedulius (Pasch. carm. II, 81) das apuleianische *nubilum mentis* haben. Natürlich fehlt die Wendung auch bei Sidonius nicht, epist. IV, 12 (64, 19) *nubilum superducti maeroris*. Endlich kann ich die Vermuthung nicht unterdrücken, dass die Stelle de mag. 43, S. 53, 21 *haec et alia apud plerosque de magicis pueris lego* Vorbild für Claudian 97, 4 und 143, 10 war, wo an ersterer Stelle sämmtliche Handschriften ausser *M haec et alia loquitur ueritas*, sowie an zweiter Stelle *haec et alia . . innumera proferre possemus* bieten. Obwohl ich die Lesart von *M haec et talia* in den Text setzte, so gebe ich jetzt doch mit Rücksicht auf die Stelle aus Apuleius der Lesart der übrigen Handschriften den Vorzug. Ascl. 26, S. 48, 22 hat zwar Apuleius *haec et talis senectus*, sonst verbindet er aber diese beiden Pronomina stets asyndetisch, also *hic talis*, vgl. Koziol, Stil des Apuleius, S. 77.

B.

Weiters findet sich bei Claudian eine nicht unbedeutende Anzahl von selteneren Ausdrücken oder von Wörtern mit aussergewöhnlicher Bedeutung, die unsere Lexika entweder nur durch Stellen aus Apuleius belegen oder bei denen durch andere Umstände ersichtlich ist, dass Claudian sie speciell aus Apuleius entnahm. Zu letzteren rechne ich Ausdrücke des vorclassischen Lateins, die erst wieder durch Apuleius (möglicherweise auch schon durch Fronto) zu neuem Leben erweckt wurden. Wir führen die hieher gehörigen in alphabetischer Reihenfolge vor.

abhinc in räumlichem Sinne[1] Lucrez III, 958 und Apul. flor. 16, S. 25, 15 *totoque abhinc orbe totoque abhinc tempore laudes benefacti tui ubique gentium semper annorum repraesentet* (wo *ubique gentium* dem *toto abhinc orbe* und *semper annorum* dem *toto abhinc tempore* entspricht). —

---

[1] Unrichtig führt Kretschmann, De latinitate L. Apulei Madaurensis, Inaug.-Dissert. Königsberg, 1865, auch Plaut. Pers. V, 2, 19 an, wo aber aus allen Handschriften *hinc* gelesen wird.

Cl. 131, 2 *abhinc (= inde ab hoc loco) ecclesiasticis doc-
toribus utitur testibus;* 150, 15 *a. in tertium caelum (transcende);* 141, 10 *estne aliquid, quo abhinc locorum uspiam
progrediaris;* 29, 21 *a. superius;* 144, 17 *ecce a terrae conti-
guis aere tenus aquarum elementum est, exin profundum
aeris usque ad lunaris sideris citimum lumen, abhinc ignium
aetheriorum spatia;* 19, 11 *primus liber in sui primordio
breuiter adstruit . . ., post de animae statu . . luctamen
alternat, abhinc itidem . . praelibauit.* Vgl. *abinde* beim
auct. incertus de S. Helena (ed. Heydenreich) 18 *a. nauigare
coeperunt* (Paucker, Supplementum lexicorum latinorum,
S. 2). Die Vorliebe Claudians, *hinc* mit Präpositionen zu
componiren, zeigt sich auch durch die häufige Anwendung
von *posthinc* (vgl. Index und weiter unten). Jedenfalls ist
nicht richtig, was Hand (Tursellinus I, 66) bemerkt: ,*quamquam igitur ipsa uocabuli formatio non poterat aliena uideri
a notione loci, tamen non permisit communis usus*'. An der
localen Bedeutung des Wortes bei Lucrez kann nicht ge-
zweifelt werden und war dieselbe jedenfalls in der Volkssprache nichts Ungewöhnliches. Auch Jordanes gebraucht
an einer Stelle *abhinc* in localer Bedeutung 82, 8 Mommsen:
abhinc Geta recessit in propria.

altrinsecus = ,auf der anderen Seite' Plautus und Apul. met.
    I, 16, S. 10, 24 *a. prominere;* I, 21, S. 13, 29 *uidesne . .
    a. fores;* II, 18, S. 29, 18 *gladiolo solito cinctus a.;* III, 17,
    S. 49, 7; V, 2, S. 79, 27 *a. aedium.* — Cl. 190, 1 *quoniam
    a. continuati uiarum periculum fecimus.*

autumare, bekanntlich als aus dem Sprachschatze der alten
    scenischen Dichter (Quintil. 8, 3, 26 ,*autumo*' *tragicum*)
    entnommen ein Lieblingswort des Apuleius (zahlreiche
    Belege bei Georges), gebraucht Claudian einmal in Ver-
    bindung mit einem Accus. c. inf. (30, 7) und fünfmal in
    der Formel *ut autumo (-as, -at)*. Auch Sidonius gebraucht
    es mehrmals (vgl. epist. V, 4, S. 80, 13; VII, 9, S. 114, 30),
    ebenso Ausonius XX, 208 Schenkl und Victor von Vita
    I, 5 Petschenig.

Brachmani: so ausser Amm. 23, 6, 33 bei Apul. flor. 15,
    S. 18, 12 und Cl. 204, 13; den Genetiv *Brachmanum*
    hat Apul. flor. 15, S. 18, 13 und Cl. 130, 10.

cedo adverbiell gleich einem *age* Apul. de mag. 37, S. 47, 3 *cedo enim experiamur*, de deo Socr. 9, S. 13, 16 *cedo igitur mente formemus* nach dem Vorgange des Plautus. — Cl. 178, 17 *cedo etiam de illo quaeramus.*

consequenter in der Bedeutung ,folgerecht' nach Georges zuerst von Apuleius met. X, 2, S. 182, 15 *habebat iuuenem filium probe litteratum atque ob id consequenter pietate modestia praecipuum* angewendet, hat Claudian an fünf Stellen (36, 3. 38, 1. 62, 14. 102, 11. 113, 16). Ausserdem gebrauchen es Chalcidius, Sedulius, Alcimus Avitus.

continuari Sisenna, Apul. met. I, 24, S. 16, 1; V, 31, S. 97, 10; VI, 18, S. 108, 5; der gallische Panegyriker Eumenius, Symmachus. — Cl. 190, 1 *quoniam altrinsecus continuati uiarum periculum fecimus.*

creper in der übertragenen Bedeutung ,zweifelhaft, misslich' ausser den Tragikern und Lucrez auch Apul. de deo Socr. 18, S. 20, 25 *res creperae et adflictae.* — Cl. 143, 6 *estne aliquid istic creperum aut fortassis obscurum?* Ennodius 64, 13 H. *si pagina nostra res crepera et anceps est.*

detrimentum: Apul. Ascl. 3, S. 30, 9 *corporum augmenta detrimentaque.* — Cl. 28, 4 *(deus) detrimenta non sentit augmentaue non recipit.* Damit vergleiche man auch Hieronymus, Orig. in Luc. hom. 8 *si . . nec augmentum nec decrementum recipere potest.* Bei Cl. 149, 5 *lunaris globi per incrementa ac detrimenta uariatio* bin ich sehr im Zweifel, ob nicht mit Bezug auf Apul. met. XI, 1, S. 205, 19 *ipsa corpora terra caelo marique nunc incrementis consequenter augeri nunc decrementis obsequenter imminui* auch bei Claudian *decrementa* für *detrimenta* zu schreiben ist, zumal da auch Augustin (Enarrat. in psalm. 71, 8) *decrementa incrementaque* lunaria schreibt. Auch August. de ciuit. dei V, 6 (S. 198, 30 Domb.²) hat man *lunaribus incrementis atque decrementis augeri et minui quaedam genera rerum* zu lesen, und ich kann nicht begreifen, warum Dombart in der 2. Auflage der Lesart der interpolirten Handschriften *AKF detrimentis* den Vorzug gegeben hat. Von den von ihm angezogenen Parallelstellen ist nur Apul. met. XI, 1, S. 205, 19 beweiskräftig, und gerade hier liest man auch *decrementis*, freilich nicht bei Eyssenhardt; aber

wer die Stelle genauer betrachtet *nunc incrementis con-*
sequenter augeri nunc decrementis obsequenter imminui,
wird durch das Wortspiel *consequenter — obsequenter* hinlänglich belehrt, dass der Schriftsteller wohl auch *decrementis*
wegen des Gleichklanges mit dem vorausgehenden *incre-*
mentis absichtlich schrieb. Zudem ist gerade *decrementum*
ein Wort afrikanischen Ursprungs (vgl. Sittl, Die localen
Verschiedenheiten der lateinischen Sprache mit besonderer
Berücksichtigung des afrikanischen Lateins, S. 145), das
sicher auch Cyprian de spectac. 9 (Append. 11, 13 Hartel)
gebrauchte: *globum lunae temporum cursus incrementis suis*
decrementisque signantem (so der Codex *Z* saec. XIV und
v saec. XV), wo ich nicht mit Hartel zwei Handschriften
des 15. Jahrhunderts (*μ, r*), die *detrimentisque* bieten,
folgen möchte.

directim: Apul. de deo Socr. prol. (S. 2, 18) *lapidem directim*
caesum. — Cl. 90, 15 *latitudo directim recipit sectionem.*
Aehnlich gebraucht das Wort auch Macrobius.

dispudet aus dem Sprachgebrauche der Komiker aufgenommen von Apul. de mag. 63, S. 73, 14 *non uos tot calum-*
niarum tandem dispudet? — Cl. 172, 5 *non dispudet auctor*
huius sententiae exemptae animae corporalitatis capessere
indicium? Auffällig ist hier die (durch alle Handschriften
bezeugte) sonst nicht belegbare persönliche Construction
mit folgendem Infinitiv; unrichtig ist bei Georges unsere
Stelle als Beispiel eines folgenden Accus. cum Infin. angeführt, denn selbst wenn man mit den früheren Herausgebern *auctorem* läse, so wäre der Accusativ doch zu
dispudet gehörig und nicht Subject zu *capessere.*

equidem in Verbindung mit der zweiten und dritten Person
gebraucht, findet sich bei Plautus, nicht mehr bei Terenz.
Von Plautus hat es Apuleius übernommen (Fronto gebraucht *equidem* nach ciceronianischem Sprachgebrauche
nur in Verbindung mit der ersten Person), der es aber
so nur in den Metamorphosen gebraucht: I, 1, S. 1, 13
haec equidem ipsa uocis immutatio . . respondit; II, 13,
S. 26, 9 *quam olim e. exoptatus nobis aduenis;* III, 27,
S. 54, 17 *quod corollis roseis e. recentibus fuerat ornatum;*
IV, 2, S. 57, 16 *quos e. fragrantes . . rosas laureas appel-*

lunt; V, 1, S. 79, 22 *ut e. illud recte uideatur* . . *Ioui fabricatum caeleste palatium; VII,* 9, S. 122, 30 *quorum poterit unus magnis e. talentis, ut arbitror, puellam istam praestinare; VIII,* 10, S. 141, 3 *istud e. certe* . . *concedas necesse est* (vgl. Jordan, Kritische Beiträge zur Geschichte der lateinischen Sprache, S. 325, der überhaupt den Gebrauch dieser Partikel in der archaischen und classischen Zeit erschöpfend behandelt, dagegen die späteren Schriftsteller mit Ausnahme des Apuleius leider nicht in den Kreis seiner Untersuchung gezogen hat). Die zahlreichen Belege aus Claudian für die Verbindung von *equidem* mit der 2. oder 3. Person sehe man in meinem Index zu Claudian nach. Das so häufige Vorkommen dieses Sprachgebrauchs bei Claudian erklärt sich aus der Nachahmung des Apuleius, während vereinzelte Beispiele sich bei vielen späteren Schriftstellern finden.

ergo igitur war eine im Volksmunde wahrscheinlich stets beliebte Verbindung, wie dies der Gebrauch bei Plautus zeigt, von dem sie Apuleius hat, aber nur in den Metamorphosen (I, 5, S. 3, 29. II, 18, S. 29, 5. 28, S. 35, 18. III, 19, S. 50, 3. IV, 2, S. 56, 26. V, 11, S. 85, 20. VII, 9, S. 122, 25. 15, S. 125, 30. 19, S. 128, 13. IX, 17, S. 165, 12. 22, S. 168, 15. 39, S. 179, 8. X, 3, S. 183, 7. 35, S. 204, 26. XI, 5, S. 208, 9. 21, S. 218, 17. 28, S. 223, 26).[1] Aus Letzterem möchte man wohl schliessen, dass die Verbindung in der niedrigen Vulgärsprache Afrikas zu Apuleius' Zeit noch lebend war, denn hätte sie dieser blos aus der Lectüre des archaischen Latein geschöpft, so wäre nicht einleuchtend, warum er sie nicht auch, oder vielmehr gerade in seinen sorgfältiger stilisirten anderen Schriften (vgl. Jordan, Kritische Beiträge, S. 325; Sittl, Die localen Verschiedenheiten der lateinischen Sprache, S. 82) angewendet haben sollte. — Claudian hat *ergo igitur* 111, 9 und 173, 8 (G auch 148, 4). Bei Salvian de

---

[1] Sämmtliche von Kretschmann a. a. O. S. 102 beigebrachten neun Stellen aus den anderen Schriften haben in Wegfall zu kommen, da sie nur irrthümlich angeführt sein können und wahrscheinlich als Belege für *atenim* dienen sollten (vgl. Koziol, Stil des Apuleius, S. 145).

gubern. dei IV, 22 liest man: *ergo ut ad superiora redea-
mus: quid est igitur* etc.

exhinc bei Georges als ἅπαξ εἰρημένον aus Apul. met. XI, 24,
S. 220, 29 *exhinc* (= hierauf) *festissimum celebraui natalem
sacrorum* angeführt, hat Cl. 19, 1 (s. die praefatio meiner
Ausgabe pag. XXV) *multa exhinc deriuare poterit*, wie
man sieht, mit veränderter Bedeutung; ebenso Ennodius 292, 10 *exhinc digressi bonarum rerum in rege lau-
datis affectum* (vorausgeht *illud iure praeloquerentur exor-
dium*). Dagegen wie Apuleius gebraucht es Sidonius
epist. IX, 16, S. 172, 59 L. *nullum cito cogar exhinc pro-
mere carmen* und Jordanes 114, 19 M.

flaccere in übertragener Bedeutung Afran., Ennius, Apul. de
mag. 25, S. 33, 22 *cur uestra oratio rebus flaccet, strepitu
uiget?* — Cl. 31, 21 *sententia flaccente*. Uebrigens schreibt
auch Cicero in einem Briefe (ad Quint. fratr. 2, 14, 4)
Messala flaccet.

fringultire wird transitiv und in übertragener Bedeutung gebraucht von Apul. de mag. 98, S. 109, 9 *audisti priuignum
meum uix singulas syllabas fringultientem* und ebenso von
Cl. 137, 3 *cernas hic alium inter ructandum quasdam suggillatiunculas fringultientem ab alio laudari*. Intransitiv in
übertragener Bedeutung haben es Laevius, Plautus, Fronto,
Apuleius und Sidonius (die Stellen bei Georges).

geometrica, ae Apul. flor. 18, S. 31, 2 nach den besten
Handschriften (Krüger, *geometriae* Hildebrand). — Cl. 105,
10; 204, 27 (in Verbindung mit *arithmetica* und *musica*);
174, 4 *geometricam sine radio docuit;* nirgends findet sich
bei Claudian *geometria*. Derselbe gebraucht auch *astrologica*, nicht *astrologia* 81, 7; und so (aber als neutr.
plur.) scheint auch Sidonius epist. V, 2 (79, 8) zu schreiben
sein, obwohl die Handschriften *astrologia* bieten, wenn
man bedenkt, dass die Worte *arithmetica — geometrica
— musica — dialectica* vorausgehen und noch *architectonica — metrica* folgen. Ausserdem hat *geometrica* der
Uebersetzer des platonischen Timäus Chalcidius als genaue
Wiedergabe des griechischen γεωμετρική.

illectamentum bei Georges ἅπαξ εἰρημένον aus Apul. de
mag. 98, S. 108, 8 *meretricis blandimentis et lenonis patris*

illectamentis captus findet sich auch de mag. 102, S. 113, 5
*qui Apuleium dicitis animum Pudentillae magicis illectamentis
adortum.* — Cl. 127, 5 *non arbitrans fore quempiam in-
lectamentis fallaciarum corporalibus obsistere solitum.* Auch
Cl. 23, 8 *blandimenta lenocinantia* erinnert an obige Stelle
des Apuleius.

impendio mit einem Verb verbunden gebraucht Apuleius,
obwohl er unter den späteren Autoren es nicht allein
hat, doch mit Vorliebe, so met. II, 18, S. 29, 4. X, 4,
S. 184, 3; flor. 18, S. 31, 10; de deo Socr. 20, S. 23, 7;
de mag. 3, S. 6, 9. 15, S. 22, 3. 32, S. 42, 21. 61, S. 71, 15.
— Cl. 24, 15 *animaduerti id impendio molientem opelli ipsius
auctorem;* 37, 9 *non i. emolienda sunt, quae per se labascunt.*

interminus übtr. auch Ausonius und Symmachus; jedoch
Apul. de mundo 1, S. 107, 10 *(caelum) dierum noctiumque
curriculis agens stellarum choros intermino lapsu finem
nulla aeui defectione factura* ist das deutlich erkenn-
bare Vorbild für Cl. 149, 10 *(sidera) intermino linea-
rum tramite in id ipsum sine fine redeuntia* gewesen.

interspergere belegt Georges nur mit zwei Stellen aus
Apul. met. V, 15, S. 87, 30 *interspersus rara canitie* und
de mag. 40, S. 50, 11 *sunt plurima (remedia) in aliis
omnibus rebus eodem naturae munere interspersa atque inter-
seminata.* — Cl. 35, 2 *non interspergat sinceritati ueritatis
ignorantia praesumptiosa mendacium.*

medullitus: Plaut., Enn., Varro, Amm., Apul. met. VII, 2
S. 118, 17 *m. ingemere,* X, 25, S. 197, 23 *m. dolore com-
motus,* flor. 18 extr. *summis m. uiribus contendunt ambo:
uincitur neuter,* Cyprian 305, 15 *m. conceptus ignis.* —
Cl. 176, 17 *eo mihimet hisce inanibus respondere admodum
labori est, quia nihil istic quicum congrediar, nihil (est)
quod medullitus eruam.* Einen Begriff der dieser bildlichen
Ausdrucksweise hier zu Grunde liegenden Vorstellung
mag geben Cl. 205, 5 *erui atque euelli infixa animo meo
nequit declamationum tuarum suauitas.* Es ist also *medullitus* gleich einem *ex intimo animo.* Ausserdem haben
das Wort von den Galliern Sid. VIII, 7, S. 134, 5 *medullitus aestuare* und Ennod. 380, 19 *se medullitus inserens
(catharrus)* gebraucht.

momentarius von Apuleius mit Vorliebe verwendet, wie *m. maritus* (met. V, 12, S. 86, 4), *m. uita* (met. II, 29, S. 36, 14), *m. salus* (met. IX, 1, S. 155, 23), hat gewöhnlich die Bedeutung ‚nur augenblicklich = zeitweilig, vorübergehend‘ (Georges), jedoch einmal auch ‚augenblicklich, schnell‘ Apul. X, 25, S. 197, 29 *momentarium uenenum* (schnellwirkend). Dieselbe Bedeutung lässt sich bei Cl. 148, 18 *uices et spatia temporum et moras dierum momentaria mundi creatio non admittit* statuiren, vgl. auch Papinian. dig. 34, 1, 8 *ea res praesentem ac momentariam curam imiungit.*

moribundus in der Bedeutung ‚sterblich‘ hat ausser Vergil Aen. VI, 732 *moribunda membra* noch Apul. de deo Socr. 4, S. 8, 17 *immortalibus animis, moribundis membris.* [1] Nicht hieher möchte ich (gegen Hildebrand [vgl. dessen Note zu de deo Socr. 4] und Georges) Apul. de mag. 50, S. 60, 19 *moribundo corpore cessante animo cadunt* rechnen, da hier die gewöhnliche Bedeutung deutlich vorliegt. — Cl. 56, 3 *humanum corpus terrenum scilicet atque moribundum.*

multimodus: Apuleius, der für mit *multus* zusammengesetzte Adjective grosse Vorliebe zeigt (vgl. *multicolorus, multiforabilis, multiiugus, multimodus, multinominis, multiscius, multiuagus, multiuius*), hat auch *multimodus* met. X, 29, S. 200, 26 und de dogm. Plat. I, 7, S. 68, 20. Auch der Afrikaner Augustin hat es nicht selten; Sid. II, 13, S. 38, 5 *multimoda suspiria.* — Cl. 64, 6 *multimoda sectio,* 101, 9 *m. doctrinae,* 105, 4 *m. ueritas rationum,* 142, 4 *m. ueritatis gladius* (hier neben *gladius* auffällig, jedoch ist die naheliegende Aenderung *multimodae ueritatis gl.* trotz der Analogie 105, 4 nicht nothwendig). Zu streichen jedoch ist das Citat Claud. Mam. epist. 1, p. 781, 2 Migne (S. 198, 7) bei Georges, da hier, abgesehen von der handschriftlichen Gewähr, die durch *et* verbundenen folgenden Worte *miseris perinde causis* der Concinnität halber für *multis modis* sprechen (Lütjohann in der Ausgabe des

---

[1] Augustin. de ciu. dei XXI, 13 init. ist aus Vergil geschöpft: *hinc est Maronis illa sententia, ubi cum dixisset de terrenis corporibus moribundisque membris* etc.

Sidonius — denn jener Brief Claudians ist nur in der Briefsammlung des Sidonius erhalten — edirt freilich auch *multimodis* [S. 53, 19], indess bieten die besten Handschriften *LMTCF multis modis* [nur *P¹* hat *multimodis*]). Zudem könnte *multimodis* nicht, wie Georges angibt, Adverbium sein, sondern wäre höchstens als zu *causis* gehöriges Adjectiv zu fassen.

obirasci findet sich nach Livius und Seneca bei Apul. de mag. 3, S. 6, 10 *impendio commoueri et obirasci* und flor. 17, S. 26, 9 *cessantibus obirasci.* — Cl. 189, 6 *oro quaesoque non obirascaris mihi*, nach ihm Alcim. Avitus 121, 16 *non nobis obirascantur*.

opulens wird von Apuleius bevorzugt und gewöhnlich noch mit einem Synonym verbunden, so met. X, 19, S. 194, 4 *matrona quaedam pollens et opulens*, de deo Socr. 22, S. 25, 1 *omnia affluentia, omnia opulentia, omnia ornata*, met. VIII, 15, S. 143, 30 *castellum frequens et opulens*. — Cl. 184, 11 *opulens negotium et dites causae ad dicendum proliciunt*.

periclitari mit dem Genetiv verbunden hat nur Apul. VIII, 31, S. 154, 15 *hic ego me potissimum capitis periclitatum memini.* — Cl. 20, 16 *quoniam, si in his secus aliquid, ego conscriptionis periclitabor, sed tu editionis*. Auch *periclitabundus*, eine uox Apuleiana, ist met. III, 21, S. 51, 22 mit dem Genetiv *sui* verbunden.

praecisio in der eigentlichen Bedeutung = ,das Beschneiden, das Abschneiden', war bisher nur bekannt aus Apul. met. I, 9, S. 6, 7 *ea bestia ab insequentibus se praecisione genitalium liberat.* — Cl. 72, 9 *haec talibus non inesse uel de ossium sectione et capillorum atque unguium praecisione cognoscimus*.

praesentare se scheint zuerst von Apuleius met. VI, 1, S. 100, 10 *Iuno sese praesentat* gebraucht. — Cl. 143, 10 *per quem (spiritum) Paulus apostolus absens toto corporeo sui Corinthiis potuit praesentari.* Der Ausdruck mag übrigens im gallischen Latein damals schon grössere Verbreitung gehabt haben (vgl. das französische *présenter* und Auct. pan. Maxim. et Const. 3, 4, Peiper's Index zu Alcimus Avitus, Hartel's Index zu Ennodius).

proquiritare zuerst Apul. de mag. 82, S. 91, 19 *epistulam saepe aperiens proquiritabat.* — Auf offenbarer Nachahmung dieser Stelle beruhen Cl. 19, 7 *opusculum illud sine auctore proditum et usquequaque proquiritatum* und Sidon. epist. VIII, 6, S. 131, 14 *per ipsum fere tempus, ut decemuiraliter loquar, lex de praescriptione tricennii fuerat proquiritata.* Letztere Stelle scheint den Schluss zu gestatten, dass *proquiritare* ein dem Zwölftafelgesetze entnommener Ausdruck war, denn nur 'auf dieses Wort kann sich das *ut decemuiraliter loquar* beziehen. Georges erklärt im Lexikon *decemuiraliter* zwar durch ‚nach Art der *decemuiri (stlitibus iudicandis)*‘, jedoch vermag ich nicht einzusehen, warum Sidonius gerade an diese Behörde gedacht haben soll; mir scheint es viel natürlicher zu sein, an die *decemuiri legibus scribundis* zu denken. Ausserdem ist es für den alterthümelnden Apuleius sehr bezeichnend, dass er ein Wort wieder in die Literatur einführte, was aus jener archaischen Rechtsquelle stammte. Merkwürdig ist nur, dass dieses Wort sich in den bisher bekannten Glossarien nicht findet, während doch das Verbum simplex, dessen Gebrauch in der Schriftsprache sich durch alle Jahrhunderte verfolgen lässt, oftmals als Glosse begegnet (vgl. Loewe's Prodromus, S. 316).

scaeuus in übertragener Bedeutung wird von Apuleius mit auffallender Vorliebe angewendet: met. II, 13, S. 25, 25 *sc. fortuna;* IV, 19, S. 68, 5 *sc. euentus:* X, 17, S. 192, 31 *sc. praesagium;* X, 24, S. 196, 30 *sc. riualitas (?).* — Claudian hat es stets (34, 16 *s. sententia,* 55, 21 *s. iudicium,* 132, 1 *s. praedicatio)* in der Bedeutung ‚ungeschickt, verkehrt, unrichtig‘, und zwar von Sachen angewendet.

spectamen in der Bedeutung ‚Anblick‘ Apul. met. IV, 20, S. 68, 28 *miserum funestumque spectamen aspexi,* met. VII, 13, S. 124, 30 *cerneres nouum et memorandum spectamen.* — Cl. 149, 14 *suntne haec omnia genti mortalium uel coniuentia usui uel iucunda spectamini?* Nach Claudian hat es der Gallier Alcimus Avitus 129, 15 *uideris illic spectamen egregium* und carm. IV, 408 Peiper.

sudis gebraucht Claudian 25, 2 in der Bedeutung ‚Steinspitze (hervorstehende Steine)‘: *(loca) quae uel humoris assidui subterluuione cedentia uel leui prono lubrica uel cauo pendula .uel sudibus aspera sunt* — eine andere Auslegung dieser Stelle halte ich nicht für zulässig. Höchst wahrscheinlich hat Apul. met. VII, 17, S. 127, 16 *nec saxeas tantum sudes incursando contribam ungulas* obige Bedeutung verschuldet.

suggestus im bildlichen Sinne gebraucht Apul. met. V, 6, S. 82, 5 *neue se de tanto fortunarum suggestu pessum deiciat.* — Cl. 204, 29 *haec in laudem tuam suggestui sunt*, was einem *haec tibi laudis suggestui sunt* oder mit Beibehaltung der Construction *haec in laudis tuae suggestum sunt* gleichkommt.

terriculamentum ist eine Neubildung des Apuleius (de deo Socr. 15, S. 18, 18 *inane terriculamentum bonis hominibus* und de mag. 64, S. 74, 8 *omnia sepulcrorum terriculamenta*), die dessen gallische Verehrer Claudianus (104, 21 *nisi terriculamenta quaedam scientiae profundioris ostentavisset*) und Sidonius (epist. VII, 1, S. 103, 14 *prodigiorum terriculamenta*) getreulich aufgenommen haben.

trifarius zuerst bei Apul. de mag. 49, S. 59, 20 *causam morborum omnium trifariam percenset.* — Cl. 119, 9 *quod non et trifarium subsistat et unum sit.* Nach Claudian gebrauchen es Cassiodorius und Fulgentius.

Ueberblicken wir diese Reihe einzelner Worte, deren Beweiskraft in ihrer Totalität wohl von Niemandem wird bestritten werden können, wenn auch ein oder der andere Ausdruck möglicherweise in weiteren Kreisen, als in den die Sprache des Apuleius cultivirenden Rhetorenschulen, gang und gäbe war, so ist die bewusste Nachahmung des Apuleius bei Claudian hiemit genugsam bewiesen.

Die Schule, die die Nachahmung des Stiles des Apuleius lehrte, musste natürlich auch aus dem Sprachschatze der alten scenischen Dichter der Römer zu schöpfen angelegentlich empfehlen. Claudian hat diese Lehre getreu befolgt, und deshalb sagt auch Sidonius, dem als Zeitgenossen gerade darüber das competenteste Urtheil zustand, von den Schriften Claudians (epist. IV, 3): *noua ibi uerba, quia uetusta.* Wir stellen nunmehr

Archaische Worte bei Claudian

zusammen, wobei wir den Begriff archaisch möglichst weit
auffassen, indem wir darunter solche Worte verstehen, die
in der vorclassischen Zeit gang und gäbe waren, dann aus
der Literatur verschwanden und erst in nachclassischer Zeit
daselbst zu einem künstlichen Leben wieder erweckt wurden.
Freilich werden manche derartige Ausdrücke im Volksmunde
stets fortgelebt haben.

aliquantulum als Adverb Plaut., Ter., Gellius. — Cl. 20, 8
   tertius (liber) a. in sui primordio argumentatur, 198, 4 *ut
   te uel aliquotiens aliquantulum conuenirem.*
altrinsecus s. oben.
blanditer Plaut., Titinius com. — Cl. 184, 12 *(causae) paene
   blanditer obuiae suapte specie describi sese quaesunt;* nach
   ihm Alcimus Avitus 133, 30 P.
concipilare wird durch ,mit aller Begierde ergreifen, an
   sich reissen' von Georges, Klotz u. A. erklärt und dafür
   Plaut. Truc. 2, 7, 61 und Naeu. com. bei Paul. ex Fest.
   62, 6 citirt. Die Plautusstelle lautet bei Schöll: *etiam,
   scelus uiri, minitare, quem ego iam iam iam concipulabo,*
   die Vulgata hat: *quem ego offatim iam iam iam concipilabo.* Auf diesen Vers bezieht sich die Glosse (des
   Cod. Vatican. 3321) bei Mai auct. class. tom. VI,
   pag. 517 a: *concipulabo · concidam minutatim.* Man sieht,
   dass für Plautus mit der Bedeutung ,ergreifen, an sich
   reissen' nichts anzufangen ist (vgl. Löwe im Prodromus,
   S. 278), denn der Sinn und Zusammenhang verlangt
   an obiger Stelle für *concipulare* die Bedeutung von *concidere,* vgl. in derselben Scene Vers 52 und besonders
   65 *offatim te machaera conficiam,* wo *machaera conficiam*
   dem Sinne nach sich mit *concipilabo*[1] vollständig deckt.
   Auch die Etymologie empfiehlt diese Bedeutung, indem
   das Wort von *capulare (capulus)* abzuleiten ist. Es ist

---

[1] De Vit erklärt *concipilabo* durch *corripiam, lacerabo, discerpam,* wovon
die erste Erklärung falsch ist, dagegen die beiden anderen den richtigen Sinn wiedergeben (freilich unter Aufgebung einer das Etymon des
Wortes streifenden Paraphrase).

nicht allzukühn, anzunehmen, dass *capulus* == Griff des
Schwertes, auch das Schwert, den Säbel selbst bezeichnet
haben kann; deshalb hat *capulare* bei Anthim. 75 die
Bedeutung ,abschneiden': *bucellas capulatas et minutas*
(ähnlich *capellare* bei Anthim. 43 *assae ita ut capellentur
partes*, wo einige Handschriften auch *capulentur* haben,
sowie umgekehrt an der vorigen Stelle *capellatas*), ebenso
bei Hieronymus in psalm. 118 *tolle*, *capula*, *seca* (vgl.
Paucker, Supplem. lex. lat., S. 62). Ausserdem erklären
zahlreiche Glossen *capulare* durch *scindere, desecare, abscidere*
u. s. w. (vgl. Löwe a. a. O.). *Concipilare* bei Plautus ist
ein volksthümlicher Ausdruck, den wir im Deutschen
genau wiedergeben durch unser triviales ,zusammensäbeln,
niedersäbeln'. Höchst interessant ist nun, wie dieses seltene Wort bei Claudian auftaucht, wo auch über die Bedeutung kein Zweifel entstehen kann (142, 6): *fas est
multimodo ueritatis gladio falsiloqui ceruiculam salubri
concisione concipilari*. Woher hat nun Claudian dieses
seltene Wort? Möglicherweise direct aus Plautus, aber
wahrscheinlicher ist für mich, dass Apul. met. IX, 2,
S. 156, 11 das Vorbild abgab: *nec dubio me lanceis illis
uel uenabulis, immo uero et bipennibus, quae facile famuli
subministrauerant, membratim compilassent*, wo schon Lipsius
concipilassent conjicirte, obwohl die neueren Editoren
sich gegen diese Emendation ablehnend verhalten. Indess schon *membratim* spricht zu deutlich für *concipilassent*,
und ich verstehe nicht, wie man mit *compilassent* (=
,durchprügeln, durchbläuen' Georges) auszukommen vermag: wie vertragen sich die *lanceae, uenabula* und die
bipennes mit dieser Bedeutung? Und sollte der wuth-
verdächtige Esel blos durchgeprügelt werden? Gewiss
nicht, sondern man hätte ihn in Stücke zerhauen, wenn
er nicht geflüchtet wäre. Zweifellos ist also *concipilassent*
herzustellen und ebenso zweifellos bezieht sich die Glosse
bei Mai a. a. O. *concipulassent · minutatim concidissent* auf
unsere Apuleiusstelle. Das Letztere hat schon Götz (in
Löwe's Prodromus, pag. XIII) richtig gesehen. Götz mag
auch Recht haben, wenn er met. VII, 18, S. 128, 7 *occi-
piens a capite immo uero et ipsis auribus totum me concipi-*

labat (so Lipsius, *compilabat* Handschriften und Editoren),
caedit fusti grandissimo zu schreiben räth, obwohl man
hier auch mit *compilare* (= durchprügeln) vollständig aus-
reicht und *concipilare* eigentlich nur in der Bedeutung
von *concidere, desecare,* nicht aber im Sinne von *caedere
(fusti),* wie es hier zu fassen wäre, bis jetzt belegt ist.
— Wie *capulare* verschiedene Bedeutungen hatte, so ist
es begreiflich, dass auch *concipilare* noch Anderes bezeichnet hat. Bei Paulus ex Fest. 62, 6 heisst es: *conci-
pilauisti dictum a Naeuio pro corripuisti et inuolasti,* ebenso
in der Glosse bei Löwe, Prodromus, pag. XIII *conciplet ·
corripiat,* vgl. das Simplex *capulare iuuencos* Col. 6, 2, 4
und *c. pisces* Mela 2, 5, 7. So mag also auch bei Apul.
de mag. 96, S. 106, 18 *concipilare* richtig sein: *an inua-
sisse me domum Pudentillae et concipilare bona eius tu magis
dolere debes* (mehrere Handschriften *compilare*), nur darf
man nicht mit Götz a. a. O. diesem *concipilare* dieselbe Bedeutung wie in den obigen Beispielen vindiciren, sondern
wird hier die von Festus aus Naeuius überlieferte Bedeutung anerkennen müssen.

creper in übertragener Bedeutung Pacuv., Accius, Varro,
Lucrez, Avienus, Apuleius, s. oben.

deliramentum Komiker, Fronto, Apul. de mag. 29, S. 38, 12;
flor. 3, S. 4, 5, Cyprian. — Cl. 137, 11 *de summis rebus
deliramenta quaedam mussitant.* Das Wort ist übrigens
bei den Kirchenschriftstellern nicht selten (vgl. Paucker,
Supplem. lex. lat., S. 179).

dispudet s. oben S. 445.

equidem s. oben S. 445.

ergo igitur s. oben S. 446.

flaccere s. oben S. 447.

intro inspicere Plautus. — Cl. 29, 24. 95, 16. 171, 1.

itidem spielte in der Sprache der Komiker eine grosse Rolle,
eine nicht geringere bei Claudian, der es an 21 Stellen
(vgl. den Index meiner Ausgabe) gebraucht.

labascere Plaut., Ter., Acc., Varro, Lucr. (die Stellen bei
Sittl in Wölfflin's Archiv I, 492, denen z. B. August. de
quantitate anim. XXIV. 46 hinzuzufügen ist). — Cl. 37, 9
non impendio emolienda sunt, quae per se labascunt, 109,

21 *uideris ne sententia tibi placita labascat*. Nach Claudian
gebrauchte das Wort Sidonius V, 10 (85, 11) und Ennodius 167, 16. 269, 17 Hart. Für unrichtig halte ich Sittl's
Ansicht, dass *labesco* stets nur eine Nebenform von *labasco*
ohne Bedeutungsdifferenz sei. Denn wenn Rufin. Orig. in
epist. ad Rom. 9, 32 *quod tempus labescentibus quotidie
diebus appropiat* sagt, so ist klar, dass hier eine Inchoativ-
form zu *labi* und nicht zu *labare* vorliegt; ebenso liegt
es mit *labescor (labiscor)*, wo Diomed. S. 344, 21 ausdrück-
lich sagt: *item lapsor iteratiuum, inchoatiuum labiscor, prin-
cipale eorum est labor*. Auch Aldhelmus laud. virg. 50
in luxum labescit kann nur so gedeutet werden. Dass
von einem Deponens eine active Imperativform gebildet
wurde, ist nicht auffällig, man vergleiche *augeri = augescere*,
generari = generascere; ebensowenig ist *labescere* neben
labesci befremdend, man vergleiche nur *fatiscere* neben
fatisci (vgl. auch Paucker, Supplem. lex. lat., S. 441). Wir
kommen übrigens auf das Wort noch später bei Besprechung der dem Claudian und Sidonius gemeinsamen
selteneren Worte zurück.

malum s. oben S. 440. Eine reiche Stellensammlung aus den
Komikern bietet Lorenz zu Pseud. 236.

medioximus = medius Plautus. — Cl. 183, 4 *medioximum
quiddam naturae incorporeae, sed creatae*, ebenso Sidonius
IX, 3, (152, 11) und Alcimus Avitus 97, 3 *medioxima
uirosis amoenitas*.

medullitus s. oben S. 448.

in mentem est mihi ist eine den Komikern eigene Phrase (vgl.
Wagner zu Ter. Heaut. 986). Dieselbe glaube ich auch bei
Cl. 96, 7 *cum autem tibi in mentem est cogitationis et amoris
tui* herstellen zu sollen, wo ich früher mit den Handschriften
mente edirte. Der Genetiv bei dieser Phrase lässt sich
wohl durch kein zweites Beispiel belegen, ist aber durch
das analoge *uenit mihi in mentem alicuius rei* gerechtfertigt.

mussitare ,leise sprechen, in den Bart brummen' Plaut. (s.
Lorenz zu Plaut. mil. 310), Liv., u. a. — Cl. 23, 7 *clam
m.*, 137, 12 *deliramenta quaedam mussitant* (ist in dieser
Bedeutung als transitives Verbum bisher noch nicht nachgewiesen).

numquidnam Terenz (vgl. Spengel zu Andr. 235). — Cl. 31,
23 *numquidnam terra uulneris plagam sentit* und so 46, 9.
157, 11. 204, 4. Uebrigens bemerke ich, dass das Wort
auch bei Augustin sich nicht selten findet, z. B. de quantitate animae V, 7. XII, 21. XXIX, 57. XXXI, 64. Auch
Cicero hat es (vgl. Hellmuth in den Act. sem. phil. Er-
lang. I, 111); bei ihm aber ist *quidnam* vollgültiges Pronomen, während es bei den späteren Schriftstellern ohne
Einfluss auf die Satzconstruction bleibt und *numquidnam*
zur blossen Fragepartikel herabgesunken ist, vgl. *numquidnam terra uulneris plagam sentit.*

opus est mit dem Accusativ Plaut., Cato. — Cl. 65, 15 *adten-
tiorem mihi lectorem opus est* (wo der beste Codex M am
Rande mit rothen Lettern die Bemerkung *sic Plautus* hat).

parciter Pompon. com. 179. — Cl. 19, 17 *modeste ac moderate
et quam potuit parciter praelibauit.*

pessumdare Plaut., Terent., Sallust., Ovid u. A. — Cl. 36, 6
pessumdetur e medio, qui te incautum respergit infamia, 203,
18 *pessum porro dedit cum doctrina uirtutem.* Ueberhaupt
liebte Claudian das Adverb *pessum,* indem er auch ein *pessum facere* bildete 136, 11 *pessum facientes salubria sua.*

plusculum als Adverb Plautus. — Cl. 206, 7 *aliquo forsitan plusculum familiariter,* vgl. 184, 18; ebenso Sidonius
epist. III, 3, S. 42, 28 *quid ego istaec iusto plusculum
garrio?* IV, 16, S. 67, 26 *plusculum recto secus,* VII, 17,
S. 124, 6 *plusculum iusto corpore infirmus,* in dem Briefe
vor carm. XXII *disparatis aequo plusculum locis* und
Alcim. Avit. 142, 16 *plusculum iusto.*

praepedimentum Plaut. Poen. 475. — Cl. 199, 14 *nulla cuius-
quam praepedimenti occasio praestendi potest,* ebenso Sidonius epist. VII, 8 S. 112, 6.

publicitus in übertragener Bedeutung Plaut., Caecil. com.,
Apul. met. I, 10, S. 6, 19. III, 16, S. 48, 17. (X, 29,
S. 200, 4.) flor. 9, S. 12, 13. de mag. 14, S. 20, 21. —
Cl. 189, 17 *edito pro sententia tua aliquid publicitus lec-
titandum.*

quaesere archaische Form, von der sich im classischen Latein
nur *quaeso* und *quaesumus* erhalten hat; jedoch Cl. 184,
12 *describi sese quaesunt.*

quidum Komiker (Brix zu Plaut. mil. 277, Lorenz zur most.
115). — Cl. 137, 7 *e socordi turba periculum periclitabere:
quidum? imperito quippe nihil quidquam iniustius*, wo die
letzten aus Ter. Adelph. 98 entnommenen Worte zeigen.
dass der Schriftsteller mit Absicht gerade ein aus der
Komikersprache entlehntes Wort anwendet.
quopiam = ,irgendwohin' haben Plaut. most. 966 *uide ne
forte q. deuorteris* und Ter. eun. 462 *ituran, Thais, quopiam es?* Claudian dagegen verwendet *quopiam* sogar als
Relativum 109, 19 *quopiam igitur uideamus euadas*.
uspiam übertragen = ,in irgend einer Sache' Plautus. — Cl. 92,
5 *quid mihi proderit uspiam*, 128, 14 *a magistro u. in hac
eadem causa dissensit*, 141, 11 *estne aliquid, quo abhinc
locorum u. progrediaris* (hier keineswegs local!); dagegen
in der gewöhnlichen localen Bedeutung 168, 2. 199, 5.
— Sid. V, 7, S. 83, 3 *quorum si nares afflauerit uspiam
robiginosi aura marsupii*, vgl. IX, 11, S. 161, 17.

Ausserdem finden sich noch folgende Worte des archaischen Lateins, aus deren Gebrauche allein man zwar nicht
auf directe Nachahmung der archaischen Schriftsteller schliessen
dürfte, weil ihr Vorkommen sich fast in jedem Jahrhunderte
und bei den besten Stilisten statuiren lässt, die jedoch im Verein
mit den eben angeführten Ausdrücken allerdings einiges Gewicht haben. Es sind dies: *inpraesentiarum* 37, 10. 88, 3.
104, 16. 139, 12. 177, 17. 184, 16. 203, 14 (vgl. über den
anderwärtigen Gebrauch dieses Wortes Wölfflin im Philol.
XXXIV [1876], S. 147 f.), *oppido* sowohl bei Adjectiven und
Adverbien (24, 4. 105, 8. 124, 23) als bei Verben (24, 18.
169, 9, vgl. betreffs des sonstigen Gebrauchs Wölfflin, a. O.
S. 151), *sodes* 146, 4; über *cedo* adverbiell gleich einem *age*
s. oben S. 444, in der gewöhnlichen bei Cicero so häufigen Bedeutung hat es Cl. 136, 10 *cedo mihi nunc illos.*
  Nachdem nach dem eben Besprochenen, wie ich glaube,
über die stilistischen Vorbilder Claudians kein Zweifel mehr
obwalten kann, gehen wir daran, das Verhältniss des genus
dicendi Claudians zu dem des begabtesten Vertreters der Form-
gewandtheit in der zweiten Hälfte des 5. Jahrhunderts, wie
Teuffel mit Recht den Freund und Zeitgenossen Claudians

Sidonius nennt, zu schildern. Schon an einer früheren Stelle wurde bemerkt, dass bei Sidonius sich ebenso sehr wie bei Claudian die Schreibweise des Apuleius geltend mache (dieser Gegenstand verdiente eine genauere Untersuchung) und wurde daraus von uns der Schluss gezogen, dass beide Männer einen ziemlich ähnlichen rhetorischen Unterricht genossen haben müssten. Jedoch nicht nur in der Nachahmung des apuleianischen Stiles begegnen sich beide, sondern sie haben auch so vieles Andere im Ausdruck gemeinsam, dass auf eine Einwirkung der Individualität des einen auf den anderen nothwendig geschlossen werden muss. Wer war aber da der Lehrer, wer der Schüler? Da Claudian um das Jahr 474 starb, da er bei Sidonius epist. IV, 11 *nuper ereptus* genannt wird (vgl. über die Chronologie der Briefe Baret's Ausgabe S. 123—145), sein Werk aber ungefähr ums Jahr 468 dem Sidonius widmete (Baret S. 132), vor welche Zeit nur ein ganz kleiner Bruchtheil der Briefe des Sidonius fällt, so war Claudian jedenfalls der ältere von beiden; wenn man noch bedenkt, dass Sidonius in jenem Briefe (IV, 11) eines literarischen Cirkels Erwähnung thut, in dem Claudian als Präses und Leiter der wissenschaftlichen Disputationen fungierte, die anderen Theilnehmer aber als lernbegierige Jünger geschildert werden, so hat jedenfalls Michael Fertig Recht, wenn er — freilich ohne irgendwelche Angabe von Gründen — behauptet (C. Sollius Apollinaris Sidonius und seine Zeit, Programm von Passau 1848, S. 9), ‚Beide standen im wissenschaftlichen Verbande, doch so, dass Sidonius mehr der Jünger von Mamertus war.

Wir handeln nunmehr von der

Stilähnlichkeit des Claudian und Sidonius.

Wir widmen gerade diesem Punkte einen eigenen Abschnitt, weil wir die Hoffnung hegen, dass aus der vergleichenden Gegenüberstellung des Lateins zweier gleichzeitiger und landsmännischer Schriftsteller auch manches Streiflicht auf die Sprache der betreffenden Zeit im Allgemeinen fallen wird.

A.

An auffallenderen Wendungen, Phrasen oder anderem Derartigen findet sich Folgendes bei beiden Autoren:

Sid. ep. I, 9, S. 15, 14 *sane moneo praeque denuntio* mit folgendem Conjunctiv, auffallend wegen des adverbiellen Gebrauchs von *prae*, findet sich ebenso bei Cl. 137, 9 *moneo praeque denuntio aut palam loquantur aut taceant.* Sid. II, 10, S. 34, 3 *tu modo fac memineris multiplicato me faenore remunerandum.* — Cl. 205, 19 *modo tu fac memineris docendi munus tibi hereditarium fore.* Sid. II. 13, S. 38, 6 *refugit celeritate diuitias deliciasque regales.* — Cl. 203, 17 *deliciis et diuitiis seruiens;* über die Häufigkeit dieser Verbindung vgl. Wölfflin im Archiv I, 383, wo aber die Claudianstelle fehlt. Es ist übrigens bemerkenswerth, dass, nach den dort beigebrachten Stellen zu schliessen, dieser Reim sich hauptsächlich (ausser bei Cyprian) bei gallischen Schriftstellern findet. Den Schluss daraus für die Aussprache hat bereits Wölfflin gezogen (a. O. S. 363). Sid. III, 2, S. 40, 30 *ad hoc aut aggeres saxis asperos aut fluuios gelu lubricos aut colles ascensu salebrosos aut uallis lapsuum assiduitate derasas.* — Cl. 25, 1 *quae (loca) uel humoris adsidui subterluuione cedentia aut leui prono lubrica uel cauo pendula uel sudibus aspera sunt.* Das gemeinsame Vorbild für beide Stellen war wohl Apul. de deo Socr. prol. S. 2, 21 (s. oben S. 438). Sid. I, 2, S. 4, 19 *sic tamen quod illic nec organa hydraulica sonant;* III, 3, S. 42, 24 *sic tamen quod nec ossa tumultuarii caespitis mole tumulabant;* II, 9, S. 31, 16 *sic tamen quod . . stilus his religiosus inueniebatur;* vgl. I, 8, S. 13, 11 *ita tamen quod te loquax turba circumsilit;* III, 13, S. 50, 3. 51, 1; III, 14, S. 51, 22; IV, 21, S. 72, 11 und 14; VII, 9, S. 113, 3; VII, 14, S. 121, 26; IX, 2, S. 150, 9; IX, 12, S. 162, 5. — Cl. 49, 8 *sic tamen quod nonnullae inrationales animantes prae hominibus uigent acumine uidendi;* 135, 6 *sed sic sustinet reprehensionis stilum, quod non patitur detrimenta meritorum;* 95, 2 *sic ad illum accedit, quod a te utique non recedit.* Quod mit dem Indicativ nach *sic, tam, ita* statt ut consecutiuum ist überhaupt eine auffallende Erscheinung des gallischen Lateins im 5. Jahrhundert, da wir es auch bei Saluian s. Pauly's Index) und Alcimus Avitus (s. Peiper's Indices

zur Prosa und zu den Gedichten) finden; vgl. darüber
auch Paucker, Subrelictorum lexicographiae latinae scrutarium, S. 25 Note und Goelzer, Étude lexicographique et gram-
maticale de la latinité de Saint Jérome, Paris 1884, S. 381.
Sid. III, 11, S. 47, 8 *carebit nostrum naeuo loquacitatis
officium;* V, 3, S. 79, 25 *caritas naeuum tam miserae
suspicionis eliminet*, vgl. VIII, 11, S. 141, 1. — Cl. 35,
19 *non caret naeuo suspicionis biceps ista prolocutio.*
Vgl. *naeuus reprehensionis* bei Alcim. Avit. 124, 17.
Sid. III, 4, S. 43, 9. II, 10, S. 33, 12 *sed istinc alias.* --
Cl. 31, 6 *sed istinc alias* (vgl. 123, 18 *sed hinc alias*).
Auch der Gallier Ennodius im 6. Jahrhundert hat einmal
sed istinc alias und fünfmal *sed hinc alias* (s. Hartel's Index).
Sid. III, 13, S. 50, 21 *haec ossium ramosa compago.* — Cl. 174, 23
*quae neruorum origines quaeue compago, quae ossuum
coitio quaeue compactio.* An der Stelle des Sidonius
hätte übrigens Lütjohann aus M T *ossuum* aufnehmen
sollen; Claudian hat nur *ossuum* (72, 9. 174, 24).
Sid. IV, 7, S. 58, 26 *baiulus apicum sedulo precatur*, vgl.
VII, 8, S. 112, 6. — Cl. 23, 8 *ut ignaros rerum sedulo
precentur.*
Sid. IV, 12, S. 64, 10 *quantum naufragioso pelago conformis
est motus animorum.* — Cl. 23, 15 *naufragiosum pelagus disputationis*, vgl. bei Ennodius 234, 18 *cogitationum
pelagus*, 444, 15 *narrationum pelagus.*
Sid. IV, 14, S. 66, 16 *unde liquido patet* und II, 10, S. 35, 8
liquido claret. — Cl. 59, 25 *patet enim liquido*, 172, 13
liquido patuit, vgl. *liquido claret* 76, 2. 79, 2. 89, 15.
150, 7. Auch Ennodius schreibt *liquido patuit* 391, 12.
Sid. IV, 23, S. 74, 3 *nil deprecatus errorem.* — Cl. 48, 8
ueniam deprecaturus erroris (oder wie oben S. 440 vermuthet wurde, *meum deprecaturus errorem*).
Sid. V, 2, S. 79, 5 *uigilax lector inueniet ueriora nomina
Camenarum*, vgl. VIII, 11 S. 141, 15. — Cl. 173, 11 *uigilacem uigilantemque simul quaero lectorem.*
Sid. V, 10, S. 85, 10 *corporis decoramenta currentis acui
profectu defectuque labascunt.* — Cl. 28, 5 (*deus detrimenta non sentit augmentaue non recipit): adficiuntur autem
media uel profectu uel defectu.*

Sid. ibid., S. 85, 18 *solam tibi acrimoniam Quintiliani pom-
pamque Palladii comparari non ambio.* — Cl. 206, 1
*Gracchus ad acrimoniam . . Fronto ad pompam tibi
usui sint.*

Sid. VI, 11, S. 101, 2 *ipse rectius praesentanea coram narratione patefaciet.* — Cl. 135, 13 *(Eucherium) praesentaneis coram disputationibus cognitum.*

Sid. VII, 4, S. 107, 14 *uiderit, qua conscientiae dote turgescat,
qui se ambientibus rigidum reddit: ego tamen morum illius
aemulator esse praeelegerim.* — Cl. 137, 16 *faxint tamen
isti quod foret libitum: ego uero praeelegerim ab istis
cum Eucherio reici.*

Sid. VII, 13, S. 119, 19 *eum magis occupat medulla sensuum
quam spuma uerborum.* — Cl. 123, 5 *in inperitas aures
uerborum puerilium spumas exspuunt.*

Sid. VII, 14, S. 120, 20 *si humana substantia rectius mole
quam mente censenda est.* — Cl. 107, 17 *formicae et
cameli animas utrumnam prouidentia an mole censeres?*

Sid. II, 8, S. 30, V. 12. VIII, 1, S. 126, 4. 14, S. 145, 25.
IX, 13, S. 162, 26 *hinc est quod,* ebenso Cl. 25, 23.
45, 4, 18. 70, 17. 82, 24. 112, 2. Auch Venant. Fort.
hat es fünfmal (s. Leo's Index), Alcim. Avit. carm. II, 303
und Ennodius 487, 3. Zahlreiche Stellen für *inde est quod*
bietet Paucker (suppl. lex. lat. 374) aus Seneca, Plinius
Secundus u. A. Auch Augustin hat *hinc est quod* z. B.
de quant. animae XVI, 27, ebenso Salvian z. B. gub. dei
VI, 54 (von Pauly leider nicht beobachtet).

Sid. VIII, 7, S. 133, 23 *trutina iudicii,* ebenso Cl. 146, 5
(vergleiche bei Ennodius das so häufige *lanx iudicii* 28, 8.
34, 1. 75, 16 und *libra iudicii* 359, 9).

Sid. VIII, 13, S. 145, 13 *nisi faceret ad Christum de circum-
cisione transfugium.* — Cl. 189, 14 *non pigeat a trans-
fugio refugium facere.*

Sid. IX, 9, S. 159, 5 *cuius ita dictis uita factisque dupliciter
inclaruit;* vgl. VII, 2, S. 105, 16 *sancti Eustachii actutum
dicto factoque gemina benedictio.* — Cl. 122, 8 *quo
(saeculo) dictis factisque caelitus editis eotenus religio
conclamata est.*

Zu den Worten Claudians 22, 2 *inludent inperitos, quae maxima turba est* merkte ich an: *uerba quae maxima turba est hexametri clausula esse uidentur.* Diese Vermuthung bestätigt sich, indem die Worte aus Sidon. carm. V, 515 *coeperat ad rupis medium, quae maxima turba est* entlehnt sind, wenn nicht vielleicht für beide eine andere gemeinsame Quelle anzunehmen ist. Claudian konnte sie aus dem Panegyricus des Sidonius entlehnen, da dieser bereits 458 verfasst war (vgl. Sirmond's Note zu carm. IV).

Ein interessantes Beispiel, wie durch eine Vergleichung der Sprache des Sidonius mit der Claudians manche bisher nicht genügend erkannte oder beachtete Eigenthümlichkeit ins rechte Licht gesetzt werden kann, liefert Claud. 146, 20 *si distant magis quam differant inter primum secundumque caelum, quaero quid rei sit* verglichen mit Sid. ep. III, 7, S. 45, 15 *quia, etsi barbarus in hiberna concedat, mage differunt quam relinquunt semel radicatam ʼcorda formidinem;* so edirte Lütjohann, dessen adnotatio critica also lautet: *relinquunt scripsi, relinquant LMC, reliquant P, relinquent F* (in *T* fehlt der ganze Brief). Wer wird aber zweifeln, dass das handschriftlich bestbeglaubigte *relinquant* zu ediren ist, da doch auch Claudian in ganz derselben Weise nach *magis quam* das verglichene Verbum in den Conjunctiv setzte?

Ein weiteres Beispiel ähnlicher Art mag hier seinen Platz finden. Bei Claud. 20, 16 liest man: *quoniam, si in his secus aliquid, ego conscriptionis periclitabor, sed tu editionis.* Alle Handschriften haben hier *sed*, was jedoch die früheren Herausgeber wegliessen. Bei Sidon. ep. I, 11, S. 20, 12 heisst es: *etenim sufficere debere, quod satirae obiectio famam mihi parasset, [sed] sibi infamiam.* So liest man in Lütjohanns Ausgabe mit der Anmerkung: „*sed* uulgo secl.ʻ Also auch hier haben alle Handschriften das *sed* bewahrt; wird man nunmehr, wo die analoge Claudianstelle bekannt ist, wagen, dem *sed* hier seine Berechtigung abzusprechen? Auch bei Ennodius finden sich Beispiele eines merkwürdigen Gebrauches von *sed* (s. Hartel's Index).

Als Gegensatz zu *homo* gebraucht Claudian stets *belua*, so 49, 8 *qui sensus homini beluaeque communis est* (auch 68, 19. 71, 15. 173, 12); desgleichen Sid. IV, 17, S. 68, 14 *quanto antecellunt beluis homines.*

Bemerkenswerth ist ferner, dass Claudian und Sidonius Sallust stets nur unter dem Namen Crispus citiren, so Cl. 130, 12 und 206, 2 (nach unserer nothwendigen Verbesserung für das handschriftliche *Chrisippus*) und Sid. ep. V, 3, S. 79, 26 *(ut Crispus nester affirmat)*, carm. II, 190 *(qua Crispus brevitate placet)*, carm. XXIII, 157 *(et te qui breuitate, Crispe, polles)*. Aehnlich nennen beide *Vergil* gewöhnlich *Maro*, vgl. Sid. ep. IV, 11 *ut est illud Maronianum* (ebenso V, 5. u. ö.) und Cl. 108, 4 *hinc etiam tibi Maronianum illud obicerem*. Ferner erwähnen beide die Aristotelicae categoriae (Cl. 69, 4 und Sid. ep. IV, 1, S. 53, 3). Schon Teuffel hat bemerkt (§. 466, 16), dass Sidonius in den Briefen die Anhäufung von Autorennamen der alten Zeit liebt (vgl. ep. IV, 3, S. 54, 23. VIII, 11, S. 141, 18; übrigens auch z. B. in dem Panegyricus carm. II, 182 ff.): auch hierin gleicht er Claudian (vgl. dessen Brief an Sapaudus, S. 205, 30 ff.).

B.

Von einzelnen charakteristischen Worten, die sich bei Claudian und Sidonius gemeinschaftlich vorfinden, sind folgende zu nennen (wenn nichts anderes angegeben ist, findet sich das betreffende Wort, beziehungsweise die betreffende Bedeutung, nur bei diesen beiden Autoren):

acescere in übertragener Bedeutung gebraucht Cl. 22, 6 *acescentis semper liuoris intentio* und ähnlich das Stammverbum Sid. VII, 6 (109, 25) *pectori suo catholici mentio nominis acet*. Das Inchoativum in eigentlicher Bedeutung gebraucht Sid. carm. V, 341 *(ganeaque perenni) pressus acescentem stomachus non explicat auram*, ep. III, 13, S. 50, 15 *alarum specubus hircosis atque acescentibus*.

aequiternus nur Cl. 112, 12 *quae tria simul aequiterna semper indiuidua ubique et ubicumque tota unus deus sunt;* 122, 19 *unam summam aequiternam indiuisam diuinitatem* und Sid. VIII, 13, S. 145, 14 *praeuidens sese per aeterna saecula aequiterna supplicia passurum*. Ich kann übrigens hier die Vermuthung nicht unterdrücken, dass schon Apul. de deo Socr. 3, S. 7, 14 dieses Wort gebrauchte: *quos deos Plato existimat naturas [incorporales] animales neque fine ullo neque exordio, sed prorsus ac retro aeuiternas*. Es

kann nicht geleugnet werden, dass *aequiternas* der be-
zeichnendere Ausdruck wäre (= vor- und rückwärts
gleich ewig). Uebrigens habe ich das Citat nicht nach
Goldbacher's Recension angeführt, sondern nach der hier
entschieden richtigeren Text bietenden Lütjohann's (Apulei
de deo Socratis liber ed. Chr. Lütjohann, Programm des
Gymnasiums in Greifswald 1878).

ampliuscule nur Cl. 188, 9 *illud ampliuscule sermocinati
sumus* und Sid. VIII, 16, S. 148, 6 *si aliquid insuper a.
scribi depoposcisset.* Dagegen ist das dazugehörige Adjectiv ἅπαξ εἰρημένον bei Apuleius de mag. 75, S. 86, 1
homo miser ampliuscula fortuna deuolutus.

authentici subst. = *auctores scripturae sacrae* im Allgemeinen
oder die Aposteln (Evangelisten) im Besonderen fehlt bei
Georges; es steht Cl. 138, 4 *sicut a philosophis ad tractatores,
sic a tractatoribus ad authenticos gradum consequa ratione
faciamus* (Cl. bediente sich zur Beweisführung nacheinander
Stellen aus heidnischen Philosophen, aus christlichen
Kirchenlehrern *[tractatores]* und endlich aus der heiligen
Schrift, besonders aus dem heiligen Paulus *[authentici]*;
ebenso Sid. VII, 9, S. 112, 23 *tam per authenticos quam
per disputatores.* Es geht der Gegensätze wegen nicht
an, an beiden Stellen zum Adjectiv *authenticus* etwa *liber*
zu ergänzen. wozu man sonst leicht geneigt wäre *(authentici libri* hat Hieronymus, vgl. *auth. uolumina* Claud. 143,
11. 145, 24).

congruere mit dem Infinitiv Cl. 182, 22 *quid itidem congruit
uel in disputationem uocare reticenda uel reticere proposita*
und Sid. VIII, 11, S. 139, 11 *quod eo congruit ante narrari.*

conscius mit einem Adverb *(male)* verbunden belegt Georges
nur aus Justin. 2, 5, 7 *mulieres male sibi consciae;* Cl. 25,
13 *si bene conscius disputas* (= *bonam habens conscientiam).*
Sid. I, 7, S. 10, 19 *tamquam sibi bene conscio ipsa quodammodo elementa famularentur;* VI, 9, S. 100, 3 *neque
quisquam etiam sibi bene conscius plus facere praesumpsit;*
IX, 3, S. 151, 23 *anima male sibi conscia* und Ennodius
carm. II, 147, 5 *conclusior sicci bene conscia tegmine busti.*

conscriptio = ,das Abfassen, die Abfassung' Augustinus, Ar-
nobius. — Cl. 20, 15 *ego conscriptionis periclitabor, sed tu*

editionis, Sid. VIII, 1, S. 126, 16 *sicut adhibendam in con-scriptione diligentiam, ita tenendam in editione constantiam.* Sid. VII, 18, S. 124, 15 *nil de libelli huiusce conscriptione meditari*, vgl. IX, 12, S. 162, 20.

consequus nur Cl. 138, 5 *gradum consequa ratione facere* und Sid. VII, 14, S. 121, 33 *consequa paginae parte reserabitur.*

coram positus im Sinne von *praesens* Cl. 83, 2 *ut coram posita non uideat, ut iuxta sonantia non audiat* und Sid. III, 9, S. 46, 9 *inter coram positos aequanimiter obiecta discingitis*; V, 7, S. 82, 4 *ut idem coram positus audisti*, VI, 4, S. 97, 16 *auctoritas personae, opportunitas praesentiae tuae inter coram positos facile ualebit*, ebenso VII, 4, S. 107, 10. 14, S. 122, 13. *Positus* entspricht hier dem griechischen ὤν oder dem sonst sich nicht selten findenden lateinischen *constitutus* (vgl. Petschenig's Index zum Victor von Vita, S. 151) und mag dafür besonders in Gallien gebräuchlich gewesen sein,[1] denn auch Alcimus Avitus (s. Peiper's Index) und Ennodius haben *coram positus* und andere ähnliche Verbindungen an zahlreichen Stellen (vgl. Hartel's Index, S. 693 s. u. *ponere*).

cordax, cordacitus. Eine Neubildung Claudians scheint *cordax = cordatus* zu sein 171, 22 *cordax quippe iudex rite uictum censet qui pro sui inbecillitate par uictis est*, die durch das bei Sid. IV, 6, S. 57, 27 sich findende Adverbium *cordacitus* bestätigt wird: *siquidem prudentibus cordacitus insitum est uitare fortuita*, so *L M[1] T[1]* bei Lütjohann, *cordicitus* die übrigen Handschriften, wie auch bisher gelesen wurde. Dass *cordicitus* nicht direct von *cor, cordis*, sondern von *cordax* abgeleitet ist, leuchtet ein, da von *cor* nur *corditus* gebildet werden konnte. Es mag übrigens auch *cordicitus* existirt haben und wurde dies vielleicht nach falscher Analogie mit Rücksicht auf *radicitus mordicitus* (doch siehe über diese Form Bücheler in Wölfflin's Archiv I, 105) gebildet. Jedenfalls ist aber für Sidonius *cordacitus* die richtige Form.

---

[1] Vgl. bei Sidonius I, 5, S. 6, 5 *Romae positus*; II, 4, S. 28, 3 *procul p.*; IV, 17, S. 68, 21 *in longinquo p.*; VI, 12, S. 101, 16 *longe p.*; VII, 4, S. 107, 16; VII, 7, S. 111, 2; VII, 15, S. 122, 22; VIII, 4, S. 129, 24; VIII, 9, S. 136, 17.

diastema Cl. 92, 7 *planorum siderum diastemata uel circulorum uias uel singulorum interualla rimari* und Sid. VIII, 11, S. 142, 5 *elementem planeticorum siderum globum in diastemata zodiaca prosper ortus erexerat,* vgl. praefatio zu carm. XIV und carm. XV, 64; sonst nur von dem Musik-intervalle gebraucht.

finalis gleich *finitus* ‚begrenzt‘ war bisher nur aus der Sprache der Juristen bekannt (bei Paucker suppl. lex. lat. S. 286 werden die verschiedenen Bedeutungen confundirt). — Cl. 112, 22 *habet certum magnitudinis modum quidquid finale est,* 113, 1 *(mundi moles, quia ex finitis est conpacta corporibus) procul dubio ipsa finalis est,* ebenso 115, 8 und Sid. VII, 14, S. 120, 21 *secundum corpulentiam per spatia quamuis porrecta finalem,* VIII, 14, S. 145, 25 *sanctorum laus diffusa meritorum stringi spatiis non est contenta finalibus.*

foetere in übertragener Bedeutung Plaut. Cas. 599 *foetet tuus mihi sermo.* — Cl. 76, 21 *inlocaliter illi fraglat aequitas, foetet iniquitas* und Sid. IV, 14, S. 66, 13 *aliquid de neglegentia fetet.*

hydrops in übertragener Bedeutung Cl. 167, 8 *qui postquam hydrope superbiae tumuit (sc. diabolus)* und Sid. IX, 9, S. 156, 25 *ecquaenam est cuiquam peritiae ceruix tanta quiue hydrops?* Leo vermuthet auch Venant. Fortun. VIII, 3, 330 *atque uoluptatis morbida crescit hydrops* (statt *hydrus,* da auch Append. 9, 16 die Handschrift *ydros* für *hydrops* bietet).

insolubilitas: die Bildung des bei Georges als ἅπαξ εἰρημένον aus Sid. IV, 11, S. 62, 16 *quaestionum insolubilitas* aufgeführten Substantivs mag durch das in gleicher über-tragener Bedeutung öfter bei Claudian vorkommende Ad-jectiv *insolubilis* (133, 19 *i. argumentatio,* 155, 5 *i. syllogismus,* 121, 15 *insolubilia argumenta;* in eigentlicher Bedeutung gebraucht 91, 14 *i. leges)* vorbereitet worden sein.

iudicialiter Julian bei Augustin, Cassiodor. — Cl. 31, 1 *ad-ficiens salubriter aliqua, iudicialiter aliqua adfici sinens* und Sid. V, 15, S. 88, 7 *bybliopolam uestrum non gratiose sed iudicialiter expertus insinuo,* VII, 14, S. 121, 2 *qui amicos ludificabundi non tam iudicialiter quam oculariter intuentur.*

labascere s. auch oben S. 455. — Cl. 37, 10. 109, 21. Sid. V, 10,
S. 85, 11; gleichwohl scheint bei Sidonius *labescunt* zu
schreiben sein: *praeteruolantia corporis decoramenta currentis aeui profectu defectuque labescunt*, wo *labescere* (In-
choativform von *labi*) ein Synonym mit *praeteruolare* und
currere wäre und bekanntlich liebt Sidonius eine solche
Häufung von Synonymen.
longiuscule Augustin. — Cl. 24, 2 *longiuscule quam uolui prae-
fatus sum*, Sid. VIII, 11, S. 143, 3 *longiuscule me progredi
amor impulit*.

mediare intransitiv als Particip = ‚dazwischentretend‘ ist bei
Georges nur durch je eine Stelle aus Claudian und Sidonius
belegt; es steht übrigens Cl. 22, 15 *qui utrumque a se odio
mediante longinquant*, 150, 19 *cui congruum est inter ima
uel summa tui tamquam mediante substantia uel infra de-
spicere corpus imum uel supra conspicere deum summum*, 172,
13 *patuit eundem nulla mediante substantia aeterna contueri*,
Sid. IX, 3, S. 151, 7 *quod inter obstrictas affectu mediante per-
sonas asperrimum est*, weiters bei Alcimus Avitus 101, 2 *mediante religione* (vgl. 126, 30 P.) und Ven. Fort. XI, 1, 26 *ut
tolleret reconciliator se mediante scandalum*, ib. append. 13,
12 *Christus pectora uestra sacer se mediante liget*. Dass
fast stets die Form *mediante* sich findet,[1] ist mehr als
blosser Zufall und lässt auf einen fast nur mehr sozu-
sagen präpositionellen Gebrauch des Wortes schliessen,
wie *absente* und *praesente*, weshalb Ter. eun. 649 *absente
nobis* sagen konnte. Aus *mediante*, das sich im italieni-
schen ganz intact erhielt, wurde das französische *moyen-
nant*. Auffallend ist es mir, dass der nach Claudian
lebende Gallier Ennodius das Wort gar nie gebraucht
haben soll, weshalb es naheliegend ist, die bei Hartel
aufgeführten Stellen für *medicante* (von *medico[r]*) auf ihre
Stichhältigkeit zu prüfen. 141, 14 *dum remedia sua quaerit
affectio et aestum sollicitudinis conloquio cupit medicante re-
leuari* ist die einstimmige handschriftliche Ueberlieferung
nicht anzutasten und hat Sirmond mit Unrecht *mediante*

---

[1] Indess liest man bei Alcimus Avitus 126, 30 *huius mediantis vertice
rationis*.

edirt, da *medicante* zu *remedia* vortrefflich passt. Ebenso klar ist auch 324, 19 *nec in profundum ductis ulceribus
ferro medicante succurreret;* vielleicht ist auch 97, 16 *ut
quicquid aegrum est medicante oratione curetis* (für *medica*)
zu schreiben. Dagegen glaube ich 499, 24 *mediante* herstellen zu sollen; die Stelle lautet im Zusammenhange:
*illa sexum mentis firmitate darauerat, dum in ea muliebris
inbecilla consilii de uirili ceperant auctoritate substantiam.
iam lapsibus ordinis sui doctrina mediante* (Handschriften
medicante) *repugnabat et translata in usus alteros feminarum
ridebat excessus.* Jedenfalls muss man zugeben, dass die
Stelle mit *mediante* einen besseren Sinn giebt und Ennodius
an den übrigen Stellen *medicante* nur in der eigentlichen
Bedeutung, die doch für die fragliche Stelle nicht passt,
gebraucht. Auch Venantius Fortunatus kennt *mediante,*
wie wir oben gesehen haben, und gebraucht auch *medicante*
VII, 1, 16 *antea quo doluit te medicante caret* und X, 10,
12 *non ferro artifices sed medicante fide,*[1] was ich aus-
drücklich deshalb bemerke, weil sich sonst leicht jemand
versucht fühlen könnte, *medicante* in übertragener Bedeutung als fast gleichbedeutend mit *mediante* anzunehmen
— eine Auffassung, die durch die strenge Auseinander-
haltung beider Worte bei Venantius Fortunatus hinlänglich
widerlegt wird. Als einziges Beispiel für die Verwendung
von *mediante* bei einem nicht gallischen Schriftsteller vermag ich August. epist. 98, 5 anzuführen.

medioximus = medius Plautus. — Cl. 183, 3 *medioximum
    quiddam naturae incorporeae, sed cretae sortita (anima),* Sid.
    IX, 3, S. 152, 11 *inter spiritales regulas uel forenses me-
    dioximum quiddam concionari* und Alcim. Avit. 97, 3 P.

nubigenus in den Lexicis als ἅπαξ εἰρημένον aus Claud. 45,
    17 *hunc procellosum aerem et naturaliter nubigenum* ange-
    führt, gebraucht auch Sid. carm. V, 237 *nec plus nubigenum
    celebrentur iurgia fratrum.*

nuncupatim kann ich nur nachweisen bei Cl. 137, 14 *extra-
    hentur etiam nuncupatim ex abditis tenebellarum* und Sid.

---

[1] Sedul. carm. IV, 142 *nec tibi parua salus domino medicante, Maria, multi-
plici laesum curauit uulnere sensum.*

VII, 9, S. 115, 7 *cum nullum proferam nuncupatim*, Sid.
IX, 16, S. 172, V. 81 *quos nunc pia nuncupatim non ualent
uersu cohibere uerba.*

obloquium Cassian. — Cl. 137, 11 *qui uel in magnos uiros
obloquia uel de rebus summis deliramenta quaedam mussitant*
und Sid. VII, 9, S. 114, 5 *in quas me obloquiorum Scyllas
.. quorundam uos infamare conantum turbo coniecerit.* Bei
Alcimus Avitus findet sich ebenfalls der Plural 80, 13
(Citat aus Sidonius) und carm. IV, 500.

peremptorius im juridischen Sinne. — Cl. 154, 10 *tamquam
peremptorie argumentatur* (das Adverb auch Alcim. Avit.
14, 30) und Sid. VIII, 6 *cuius (legis) peremptoriis abolita
rubricis lis omnis.*

plectibilis Cod. Theodos. — Cl. 22, 16 *plectibile uitium*, 32,
20. 140, 17 *pl. sententia*, Sid. IV, 6, S. 58, 19 *pl. inuidia*,
IV, 13, S. 65, 19 *plectibilia occulta*, VI, 1, S. 94, 7 *pl.
uita*, und das Adverb *plectibiliter* Alcim. Avit. 30, 25.

pontifex Bischof, belegt Georges nur durch Sid. carm. XVI, 6,
wo es von Faustus, dem Bischof von Riez, gesagt ist. Doch
ebenso gebraucht es Claudian von Eucherius, Bischof von
Lugdunum 135, 17 *magnorum saeculi sui pontificum longe
maximus;* ausserdem noch Sid. VI, 1, S. 94, 14 von Lupus,
IV, 11, S. 63, V. 20 und V, 14, S. 87, 24 von Mamertus,
dem Bruder Claudians u. ö., ebenso Victor von ,Vita,
Ennodius u. A.

potentialiter Augustin. — Cl. 91, 7 *adtende (radium) illic,
ubi localiter non est, potentialiter circulum figurare* und
Sid. VII, 14, S. 121, 30 *Philagrium cordis oculo semper
inspicio, cui me animus potentialiter notum morum simili-
tudine facit;* aus diesen beiden Stellen, an denen *potentialiter* im Gegensatze zu *localiter* gebraucht ist, geht
hervor, dass die deutsche Bedeutung bei Georges ,kräftig,
nach Vermögen' unpassend ist.

praeeligere oder *praeligere* (vgl. *praeeminere* und *praeminere*)
bei Georges als &π. εἰϱ. aus Sid. VII, 4, S. 107, 16 *ego
morum illius aemulator esse praeelegerim* angeführt, steht
auch Sid. VIII, 13, S. 145, 10 *fide praeelegit censeri Israe-
lita quam sanguine* und Cl. 138, 1 *ego praeelegerim cum
Eucherio reici*, 136, 13 *ut extraneos mallent cum falsitate*

praeeligere. Uebrigens findet sich das Wort schon in der Itala Psalm. 131, 14 *quoniam praeelegi (ᾑρετισάμην) eam* (Vulgata *eam;* vgl. Rönsch, Itala und Vulgata, S. 210), dann bei Cyprian 577, 1 *carcerem fide et uirtute praeligitis,* von Späteren gebraucht es Hilarius in ep. ad Galat. 70, Cassiodorus, Boetius und Hieron.(?) in psalm. 92: *praeelegisti eas (animas) ante constitutionem mundi* (s. Gölzer, Étude de la latinité de S. Gérome, S. 184).

praepedimentum Plautus. — Cl. 199, 14 und Sid. VII, 8, S. 112, 6, s. oben S. 457.

praesumptiosus von Georges als ἅπ. εἰρ. aus Sid. I, 11, S. 16, 15 citirt, steht auch Sid. IV, 22, S. 73, 21. VII, 4, S. 107, 11. VII, 6, S. 108, 24 und bei Cl. 35, 3. Dagegen wird *praesumptuosus* aus Salv. de. gub. dei VII, 33 (ohne Variante), den Scholien zu Horaz und aus Fulgentius citirt, und auch Sid. I, 1, S. 1, 6 ist diese Form besser beglaubigt.

priuilegium caritatis Sid. IV, 18, S. 69, 17, *gratiarum* VII, 9, S. 115, 1, *numeri supradicti* IX, 1, S. 149, 3, *pr. innocentiae et laudis* Cl. 32, 20, *pr. scientiae* 123, 4. 139, 8, *pr. inlocalitatis* 161, 22. Aehnliche Verbindungen finden sich bei Salvian und besonders Alcimus Avitus, dem Nachahmer des Sidonius.

propalare Commodian, Augustin, Orosius. — Cl. 26, 1 *quod ista pagina propalatur eiusdemque auctor occultatur,* Sid. IV, 3, S. 54, 26 *uolumen, quod tute super statu animae propalauisti,* Sid. VIII, 1, S. 126, 9 *propter iam propalati augmenta uoluminis,* Sid. IX, 11, S. 161, 8 *animus quae propalare dissimulat excolere detrectat;* Salvian de gub. dei VII, 78 hat *propalata scelera.*

prosecutio in der Bedeutung ‚Schilderung, Ausführung, Auseinandersetzung‘ (vgl. das Verbum *prosequi*) fehlt bei Georges. Dieselbe ist zu statuiren bei Cl. 167, 16 *necessarium erit, ut tute cedas tibi et partem prosecutionum tuarum parte subplodas,* Sid. VIII, 6, S. 131, 17 *hanc (legem) primus quem loquimur orator indidit prosecutionibus edidit tribunalibus, prodidit partibus addidit titulis* und Ennod. 554, 1 *prosecutionem meam, quam uere rusticam in Aratoris conmendatione contexui, felici tantum dicunt aliqui personae*

blanditam. Die Claudianstelle citirt wohl Georges, jedoch
für die Bedeutung ‚Fortsetzung‘, die es unmöglich hier
haben kann.

puerascere steht in der Bedeutung ‚sich verjüngen‘ Auson. idyll.
4, 55 (XIII, 2, 55, S. 38 Schenkl): *obductosque seni facies
puerascere (= repuerascere) sensus.* Dieselbe Bedeutung
will Georges für Claud. Mam. 21, 11 *tenellis adhuc infantiae quondam suae persuasionibus in senectute puerascunt
(puerescunt ABDFHMRS)* in Anspruch nehmen. Hier
ist aber *puerascere* im verächtlichen Sinne gebraucht: sie
werden im Alter zum Kinde, oder wohl noch richtiger
mit Aufgebung der Inchoativbedeutung: sie bleiben im
Alter noch Kinder. Ebenso sagt Sid. VI, 1, S. 94, 15
*cum in grauitatis uestrae comparationem ipsa etiam grand-
aeuorum corda puerascunt (puerescant M² P)*, auch die
Herzen bejahrter Männer sind jung (kindisch) im Ver-
gleich mit deiner Würde und Erhabenheit (diese Stelle
vermisst man bei Sittl, de linguae latinae uerbis incohativis
in Wölfflin's Archiv I, 495). Dagegen steht *repuerascere*
in gewöhnlicher Bedeutung bei Sid. IV, 13, S. 65, 7
non iuuenescit solum, sed quodammodo repuerascit.

reponderare nur bei Cl. 189, 8 *tibi pro falsitate ueritatem
haud pari uicissitudine reponderaui* und Sid. I, 4, S. 6, 2
*reminiscaris uelle me tibi studii huiusce uicissitudinem re-
ponderare* (Salvian ad eccl. III, 26 sagt *uicissitudinem re-
pensare),* V, 1, S. 78, 4 *tibi gloria reponderatur,* IX, 11,
S. 161, 16 *professio non praeter aequum reponderatur.*

uenula in der Bedeutung ‚Quellader‘ nur bei Cl. 19, 2 *quae
etsi angustis emanantia uenulis in magnos tamen amnes
exuberabunt* und Sid. IV, 3, S. 56, 16 *delicti huius mihi
gratiam facias, quod aliquantisper mei meminens arentem
uenulam flumini tuo misceo.*

Schliesslich erwähnen wir, dass folgende für Claudian bereits oben als der Komikersprache oder Apuleius entnommen
nachgewiesenen Worte sich auch bei Sidonius finden: *autumare*
Sid. carm. XV, 88. — *deliramentum* Sid. I, 1, S. 2, 6. —
exhinc Sid. IX, 16, S. 172, 59. — *fringultire* Sid. VII, 9,
S. 113, 8 *presbyterorum sane paucis angulatim fringultientibus.*

— *inpraesentiarum* Sid. II, 3, S. 27, 6. III, 6, S. 44, 5. V, 9, S. 84, 11.
VII, 9, S. 115, 14. VIII, 9, S. 135, 16. IX, 9, S. 157, 8. — *medullitus*
VIII, 7, S. 134, 5 *medullitus aestuare*. — *mussitare* I, 3, S. 5, 3.
VII, 9, S. 113, 8. VIII, 12, S. 144, 14. IX, 16, S. 171, 9. —
plusculum Adverb. Sid. III, 3, S. 42, 28. VII, 17, S. 124, 6.
— *proquiritare* Sid. VIII, 6, S. 131, 15. — *terriculamentum*
Sid. VII, 1, S. 103, 14. Ebenso erwähnt Sidonius die Brah-
manen VIII, 3, S. 128, 13 *si ad Aethiopum gymnosophistas
Indorumque bracmanas peregrinare*. Da hier *L P bracmanas* (so
Lütjohann), die übrigen Handschriften *bragmanas* haben, so
scheint mir die Schreibung mit *g* die von Sidonius herrührende
zu sein, da auch in allen Handschriften Claudians 130, 10
bragmanum und 204, 13 *bragmanos* überliefert ist, welche Formen
ich hätte in den Text aufnehmen sollen. Ebenso schrieb ja
auch Claudian 191, 5 *dragmam* für *drachmam*.

Wir haben bisher Claudians Werke nur von der formellen
Seite betrachtet: anhangsweise soll nunmehr auch über die
Quellen, aus denen Claudian seinen Stoff schöpfte, kurz
gehandelt werden.

Von den Kirchenschriftstellern, die über das Wesen der
Seele specielle Schriften hinterlassen haben, ist vorerst Tertullian (liber de anima bei Migne II, 641) zu nennen, weiters
Lactantius (de immortalitate animae, Migne VI, 761), Ambrosius
(liber de Isaac et anima, Migne XIV, 501), besonders aber
Augustinus, der sogar in mehreren Schriften dasselbe Thema
erörterte: de immortalitate animae (Migne XXXII, 1021), de
quantitate animae (ib. 1035), liber de spiritu et anima (ib. XL,
779), de anima et eius origine libri IV (ib. XLIV, 475). Schon
Ebert (Geschichte der christlich-lateinischen Literatur, S. 452)
urtheilt richtig, wenn er, freilich ohne weitere Beweise vor-
zubringen, schreibt: ,Die lebhaft vordringende Darstellung (bei
Claudian) erinnert an die der Dialoge seines Meisters Augustin.
Denn dass dieser zunächst sein Lehrer und Vorbild war, lässt
sich nimmer verkennen.'

Besonders die Schrift Augustins de quantitate animae
ist es nun, deren Benützung durch Claudian sich leicht erkennen
lässt. Wir wollen im Folgenden einige der bezeichnendsten

Stellen aus Augustins Buche ausheben und durch Gegenüberstellung des darauf bezüglichen Claudiantextes das gegenseitige
Verhältniss klarlegen. Bei Auswahl derselben haben wir besonders die wörtliche Nachahmung im Auge gehabt, die sich
natürlich nicht so weit geltend macht als die stoffliche.

Augustinus de quantitate animae,
Migne XXXII, S. 1035 – 1080.

Claudianus de statu animae.

1038, §. 6. *prius abs te quaero,*
utrum corpus ullum putes
esse quod non pro modo suo
habeat aliquam longitudinem
et latitudinem et altitudinem?

1041, §. 10. *nihil possum tale*
(sc. longitudinem quae adhuc
nullam latitudinem assum-
pserit) cogitare: si enim filum
araneae in animo constituero,
quo nihil exilius solemus
uidere, occurrit mihi etiam
in eo tamen et longitudo per
se et latitudo et altitudo.
hanc igitur longitudinem me-
ram et simplicem lineam uoce-
mus.

ib., §. 12. *aliud est enim cum*
auctoritati credimus, aliud
cum rationi.

1045, §. 17. *(longitudo) per*
longum diuisionem non ad-
mittit: est ergo latitudine
praestantior.

1046, §. 19. *ab ipso (puncto)*
incipit linea, ipso terminatur
. . . deinde undecumque secari
linea potest, per ipsum seca-

88, 11. *quod omne corpus lon-*
gitudine longum sit . . neque
possit sic esse longum, ut non
latum simul altumque sit.

88, 13. *quocirca sicut aiunt*
etiamsi araneae filum cogi-
taueris, quia utique corpus
est, non solum longitudinem
cogitasti, habet enim pro modo
suo indissociabilem longitu-
dinis suae latitudinem atque
altitudinem.

89, 4. *haec ergo de qua loqui*
institueram longitudo cum
fuerit puncto inchoata puncto-
que finita . . linea dicitur.

89, 2. *sed non idcirco tardiori-*
bus desperandum est, modo
ut auctoritati cedamus, qui
rationem forte non capimus.

90, 7. *punctum principaliter est*
origo lineae, ab ipso incipitur
ipsoque finitur, cum punctum
nec oriri a quoquam pateat
nec finiri . . . ista ergo linea
quae transuersim secari potest,
scindi per longum non potest,
quia utique, si scinditur, habet

tur, cum ipsum omnino nul-
lam in se admittat sectionem.

1065, §. 52. *sed nunc fito quam*
praesentissimus ad ista, quae
uolo.

1074, §. 71. *intendit se anima*
in tactum et eo calida frigida,
aspera lenia, dura mollia,
leuia grauia sentit atque dis-
cernit. deinde innumerabiles
differentias saporum odorum
sonorum formarum gustando
olfaciendo audiendo uidendo-
que diiudicat.

latitudinem, cum secanda est,
puncto caeditur, cum punctum
scilicet non caedatur. perfectior
ergo longitudo latitudine.

174, 13. *nunc igitur adesto*
totus et quam potis es prae-
sens fito.

43, 11. *tactu calentia frigentia-*
que discernimus u. s. w. bis
44, 3.

68, 8. *per minimam partem cor-*
poris, quod est uisus, tota
(anima) simul accipit formas
.... et per gustandi sensum
tota diiudicat saporum diffe-
rentias et calida uel frigida
summo tantum digiti tota
discernit.

Aus der zuletzt angeführten Augustinstelle geht auch hervor, dass Claudian 46, 14 *aut ad sentienda aspera uel lenia gustatui permittit aliquid tactus,* und nicht wie *G* hat *leuia* geschrieben haben wird (vgl. auch 68, 4 *tota tangit lenia quaeque et aspera).*

Endlich kann Augustins Tractat auf einen bei Claudian vorkommenden, sonst fast unverständlichen Ausdruck einiges Licht werfen. Man liest nämlich Cl. 91, 15: *tu mihi nunc dicas uelim, si ista localiter conspicit anima, quid causae est, ut mihi aliquid rotundum, trigonum uel tetragonum in occidente de corporibus formare molienti eadem sine tumore uel motu ratio rotundi uel quadri non desit, cum eodem temporis puncto secundum eandem rotundi et quadrati legem in oriente alius paria de corporibus ualeat fabricare?* Wie ist hier *sine tumore* zu erklären? Man wäre fast versucht, eher an *sine rumore* zu denken, wenn nicht eine Stelle bei Augustin de quantitate animae (S. 1049) die überlieferte Lesart zugleich schützte und erklärte: *(naturae) quae ut ita dicam sine tumoribus esse intelleguntur. tumor enim non absurde appellatur corporis magnitudo, quae si magnipendenda esset, plus nobis profecto elephanti saperent.*

5 *

Diese hier aufgestellte Bedeutung für Claudian an obiger Stelle
verwerthet, stellt Alles vollkommen klar: *sine tumore* gleich
sine corporis magnitudine oder kurzweg *sine corpore* steht für
das sonst gebräuchlichere Adverb *incorporaliter*, sowie *sine
motu* (sc. *locali*, vgl. 64, 14: *tres esse motus stabilem inlocalem
localemque iam notum est . . inlocalis [motus] animae [est]*)
dasselbe bezeichnen soll, was sonst durch *inlocaliter* ausgedrückt
wird. Dass diese unsere Auseinandersetzung richtig ist, geht
bis zur Evidenz aus einer anderen, der obigen ganz analogen
Stelle Claudians hervor, wo es heisst (92, 20): *cum trigonam
uel tribus punctis ac tribus lineis uel rotundam puncto uel linea
conformari incorporaliter atque inlocaliter* (das obige *sine
tumore uel motu) uideris.* Aehnlich gebraucht Claudian das
Adjectiv *tumidus* 89, 20: *cuius (sc. mundi) utique tumidae
localesque formae istarum inlocalium incorporaliumque
sunt imago formarum,* wo *tumidae* das *incorporalium* zum deutlichen Gegensatze hat.

Aus diesen Beispielen dürfte zur Genüge erkenntlich
sein, dass Augustin nicht nur allein auf den Inhalt des Werkes
Claudians, sondern auch auf die Form desselben von merk-
barem Einflusse war. Es wäre übrigens lohnend, die sprachliche Einwirkung Augustins auf Claudian des Näheren zu untersuchen.[1]

Claudian seinerseits wurde wieder von Cassiodorius (de anima, Migne LXX, 1279) benutzt, vgl. Ebert a. a. O., S. 487—490.

Auffallend ist, dass Claudian die Werke des doch nur
um wenige Decennien älteren berühmten Kirchenschriftstellers
Cassianus in Massilia so wenig kennt, dass er von einem
langen, im Briefe des Faustus citirten Stücke aus Cassians
Collationes (VII, 13), das Faustus mit den Worten: *legimus
in quodam receptissimo patrum tractatu* einleitet, die Worte
gebraucht (47, 21): *testimonium nescio cuius auctoris.* Vielleicht
ist übrigens diese Ignoranz nur eine fingirte, indem Claudian
vielleicht absichtlich von dem ,Anfänger der semipelagianischen
Richtung' Faustus gegenüber nichts wissen wollte.

---

[1] So findet sich beispielsweise *plumbei pugiones*, welches Claudian 187, 18
gebraucht, bei Augustin. c. Julian. Pelag. 1, §. 12, der es seinerseits
wieder wohl aus der Lecture des Cicero (de fin. 4, 48) haben wird.

II. Specielle Eigenthümlichkeiten der Sprache Claudians.

A. Claudians ἅπαξ εἰρημένα.

Dass Claudianus Mamertus eine hervorragende Stellung in der Geschichte der späteren Entwicklung der lateinischen Sprache einnimmt, zeigen am besten die zahlreichen Ausdrücke, die theils als ἅπαξ εἰρημένα, theils öfters von ihm gebraucht nur bei ihm allein sich finden. Die Zahl dieser Ausdrücke ist überraschend gross, wenn man den geringen Umfang der Schrift Claudians einerseits und das trockene philosophische Thema andererseits in Erwägung zieht. Wir lassen nunmehr diese Worte in alphabetischer Reihenfolge folgen (das vorgesetzte † bedeutet, dass der Ausdruck bei Georges fehlt):

accessibiliter Cl. 27, 13 *quod in deo uirtus est et in homine uirtus est hoc tantum differens, quod illic substantialiter hic accessibiliter,* 28, 12 *eiusmodi bona adfectiones passibilis dicit esse creaturae easdemque in deo essentialiter, non accessibiliter*, 35, 2 *quod quibus adficitur creata substantia substantialiter in deo sint, non accessibiliter.* Dass hier *accessibiliter* der Bedeutung nach Adverb zu *accidens* ist, also einem *per accidentiam, per accidens* gleichkommt (vgl. 28, 13 *accessio = accidentia*), geht aus den Gegensätzen *substantialiter* und *essentialiter* hinlänglich hervor; deshalb ist die Bedeutung bei Georges ,hinzukommend' wohl nicht geradezu unpassend, aber nicht ausreichend (vgl. auch unten S. 508 und 509).

† *adeotenus* Cl. 141, 9 *adeotenus non est corpus anima, ut sit imago diuina;* eine Parallelbildung zu dem von Claudian oft gebrauchten *itatenus*, vgl. unten S. 521.

aliquispiam Cl. 176, 6 *sed en aliquorumpiam qui interimunt animas garrientibus nugis lentamur,* vgl. unten S. 517.

alternamentum (= *alternatio*, ein bei Apuleius nicht selten vorkommender Ausdruck) Cl. 169, 25 *sine alternamento reciproci aeris et organo pectoris et tibia gutturis . . uerba uocibus effice.*

† *antetemporaneus* Cl. 145, 21 *uerum illud unum antetemporaneum caelum.*

† *auersim* Cl. 89, 12 *duabus paribus lineis siue auersim positis siue capite contingentibus figura non clauditur (auersim M, aduersim* die übrigen Handschriften).

† *circumgarrire* Cl. 132, 10 *hisce falsiloquiis circumgarrientibus istiusmodi fert ille responsum.*

collectim Cl. 185, 6 *collectim strictimque et ueluti punctatim sub mentis oculum redegi.*

† *conflictor* Cl. 189, 2 *in fine huius libri ueniam petit a suo conflictore;* oder ist *conflictatore* zu schreiben, ein Wort, welches zwar auch noch nicht nachgewiesen, aber durch das bei Tertullian (adv. Marc. 2, 14) sich findende *conflictatrix* hinlänglich bezeugt ist?

disparascere Cl. 171, 12 *testimonium, quod a nobis disparascere arbitrabaris, animaduertis nobiscum profectu disputationis unescere.*

† *hipiam* Cl. 142, 3 *quamquam nonnullis locorum sicubi conduxit harumpiam scripturarum testimoniis usus sim,* vgl. unten S. 518.

indiscriminabilis Cl. 140, 14 *uti sint et negotio et sensu et uerbo indiscriminabilia (indiscriminalia M).*

indiscussibilis Cl. 148, 6 *indiscussibilis auctoritas docet.*

† *indisiunctim* Cl. 55, 4 *indisiunctim namque mox adicit.*

ininitiatus Cl. 82, 6 *operante atque administrante deo principali potestate et stabili motione atque ininitiato substantiarum cardine.*

† *inlaboriosus* Cl. 187, 21 *in auras tela iacere et sine hoste pugnare cassa contentio est et uirium frustratio, quod ita erit inglorium ut inlaboriosum (inlaboriosum C G, laboriosum* die übrigen Handschriften und alle Herausgeber, welche Lesart wohl auch einen Sinn gäbe, aber meiner Ansicht nach einen verkehrten); übrigens ist *inlaboriosus* noch durch die griechisch-lateinische freilich ungeschickte Glosse ἀκάματος· *inlaboriosus* zu belegen.

inlocalitas animae Cl. 64, 8. 68, 23.

† *inluminabilis* Cl. 103, 19 *quia sit ille (deus) lumen inluminans et haec (anima humana) lumen inluminabile.*

† *intercaelestis* Cl. 147, 7 *cuius elementum replet intercaelestis uacui concauum.*

interpolamentum Cl. 19, 19 *sicque adiectis nostris aliquot sine alienorum interpolamento finem liber accepit.*

† *itatenus* Cl. 140, 13 *duoque ista itatenus uniantur, uti sint indiscriminabilia,* ebenso 143, 15. 171, 3. Dagegen 149, 14 *per hoc itatenus corporeum caelum, quia uidelicet hominibus datum est, terra dicitur,* 151, 21 *excutiamus utrum ex incorporeo corporeoue an ex utroque sit itatenus nesciat, sicubi cum corpore an sine corpore sit raptus ignorat* (über die Bildung vgl. unten S. 521).

localitas Cl. 68, 6 *mirum uidetur iuxta necessitatem localitatis temporum quod anima totum corpus tota uegetat,* 159, 13 *non nobis animam Lazari pro quadam abscedendi redeundique localitate ueluti quoddam corpus obpones.* Es ist übrigens sehr zu bezweifeln, ob erst Claudian und nur er dieses Wort sowie das obige *inlocalitas* in die Literatur eingeführt hat.

† *mansum* Cl. 205, 10 *quod . . apicula caelitus deciduum haustu capiens fabrefactis manso florigeris infundit filiorumque fabricatrix uirginitatis suae feturam alit atque imbuit ubere fauorum;* die Worte *fabrefactis manso florigeris* sind etwas schwer verständlich, da sowohl, was unter *florigeris,* als was unter *manso* zu verstehen sei, nicht augenblicklich einleuchtet. Das Wahrscheinlichste scheint mir zu sein, dass *mansum* dasselbe wie *mansio* (= Aufenthaltsort, Wohnung, hier also Bienenstock; so auch De Vit im Lexikon) bedeutet, *florigeris* für *floribus* steht und *manso* Dativ zu *infundit* ist; *quod* ist natürlich nicht Pronomen, sondern Conjunction (mit dem folgenden *ita* correspondirend; *sic* — *quod* gebraucht Sidonius in dieser Weise häufig, vgl. Paucker, Scrutarium, S. 25 Note).

meditatiuncula Cl. 30, 7 *iuxta propheticae locutionis exemplum meditatiunculas suas autumat debere pensari.* Wie sich aus dem Wortlaut der Stelle ergibt, ist die bei Georges angeführte Bedeutung ,eine kleine Vorbereitung' nicht passend; aus dem Gegensatze *iuxta propheticae locutionis exemplum* muss für *meditatiuncula* eine Bedeutung wie *oratiuncula (meditata)* erschlossen werden.

nescientia Cl. 157, 6 *da nobis ueniam nolentibus discere nescientiam,* 180, 18 *nec te academicorum seniorum more nescientiam tuam scisse* und im Plural 52, 5 *pro una quam polliceris scientia multorum nescientias adtulisse.*

† *opellum* Cl. 24, 15 *animaduerto quibusdam circumlocutionibus id inpendio molientem opelli ipsius auctorem (opelli HLRS, oppelli ABDEFM, opelle CG).* Wie von *opera, ae* das Deminutiv *opella* (vgl. *operula*), so konnte von *opus, eris* ganz gut *opellum* (vgl. *operulum, wie *rex, regis — regulus, caput, capitis — capitulum*) gebildet werden. Das Wort wurde von Claudian jedenfalls der Abwechslung halber neben *opus* (24, 5. 26, 10), *opusculum* (19, 6. 24, 10. 154, 6), *pagina* (24, 18. 26, 1. 188, 5), *chartula* (24, 3) gewählt, welche Ausdrücke sämmtlich zur Bezeichnung jenes anonym erschienenen Briefes des Faustus, gegen den die Schrift des Claudianus gerichtet ist, dienen.

† *obprobare* Cl. 32, 15 *uide ne forsitan iste sit quem nobis obprobandum rere alti prolapsus erroris (opprob‖andum L², adprobandum G).* Dass hier nicht *adprobandum* gelesen werden könne, habe ich bereits in der Einleitung meiner Ausgabe S. XLV auseinandergesetzt. Dass *obprobandum* von Claudian herrühre und nicht mit den Herausgebern *opprobrandum* zu schreiben sei, habe ich dort gleichfalls angedeutet. Ueber ‚*r r* im Anlaut benachbarter Silben im Latein‘ verdanken wir Büchler einen sehr lesenswerthen Aufsatz (Jahrbuch für Philol., Bd. 105 [1872], S. 109 ff.), der gezeigt hat, dass der *R*-Laut im Anlaut benachbarter Silben stets möglichst gemieden wurde; dass aus demselben Grunde aus *fragrare* schon früh *fraglare* entstanden sei, werden wir bald auseinandersetzen. Uebrigens ist für unsere Stelle gar nicht nothwendig, *obprobare* für identisch mit *opprobrare* zu halten, und scheint vielmehr ein Compositum von *probare*, also *obprobare* gleich *improbare* zu statuiren zu sein.

† *perceptus* Cl. 37, 18 *non tam aliquid sibi perceptu mentis cognitum definisse.*

perdagare Cl. 104, 15 *philosophorum quoad potui uoluminibus perdagatis* und vielleicht ist auch 191, 11 so zu schreiben: *non tantum ea quae nunc ex philosophorum* (vgl. die Praefatio meiner Ausgabe S. XLVI) *lectione percepi, uerum*

etiam quae inde iam pridem per ⟨dagata⟩ memoriae reser-
uanda mandaui.

† *perincatholicus* Cl. 24, 11 *non perincatholicam praeferebat*
etsi longe inpari disputatione sententiam (parem catholicam
M, per incatholicam rell.). Das Wort, über dessen Richtig-
keit meines Erachtens kein Zweifel aufkommen kann, ist
um so kühner gebildet, als selbst *incatholicus* nur sehr
selten vorkommt (nach Georges nur substantivirt im Plural
incatholici bei Cassiod. anim. 12).

† *pessumfacere* Cl. 136, 11 *qui ab hisce doctrinis degenera-*
uerunt pessumfacientes salubria sua et alienis semet noxiis
obnoxiantes.

philosophomena, on Cl. 19, 16 *ex dialecticis et nonnullis, prout*
interfuit usui, philosophomenon regulis, 130, 4 *quid in*
philosophomenon libris contendit (sc. Varro)? Das Wort
lateinisch zu schreiben berechtigt der *O*-Laut vor dem
Suffixe, der an beiden Stellen ohne Variante überliefert ist.

pondiculum Cl. 112, 17 *pondiculi trutinae certum est pondus,*
deshalb eine interessante Form, weil sie die Form *pondus,*
i, die sonst nur durch den defectiven Ablativ *pondo* bezeugt war, zur Voraussetzung hat. Zu *pondus, eris* ist
pondusculum Deminutivform (bei Columella, Plin., Solin.).

† *posticipare* Cl. 74, 20 *anima uitam corporis nec anticipat*
nec posticipat; es wäre interessant zu wissen, ob wir diese
Form blos dem Genius Claudians als Analogiebildung
zu *anticipat* verdanken, oder ob das Wort bereits längst
sich in dem lateinischen Sprachschatze vorfand. Fast
möchte ich das letztere vermuthen, da der erste Bestandtheil des Wortes *posti-* deutlich auf das archaische *poste*
zurückweist (vergleiche *antilena* in der Glossensammlung
des Labbaeus und *postilena* Plaut. Cas. I, 1, 37).

praeeminentior der Comparativ nur Cl. 42, 12 *praeeminentior*
ceteris sensibus uisus.

prolocutio fünfmal! Cl. 31, 18 *in isto comparationum ac pro-*
locutionum genere, 35, 20 *non caret naeuo suspicionis*
biceps ista prolocutio, 108, 19 *non te in hac prolocutione*
sollicitet ambulandi cura, 139, 21 *sitne aliquod prolocu-*
tionum harumce discrimen, 162, 15 *tantam aduersantium*

repugnantiam prolocutionum stupere me fateor. Daneben gebraucht Claudian noch dreimal *proloquium* (33, 16. 167, 21. 170, 25).

promanare Cl. 173, 15 *(uisus animi) in radios porro usque promanans.*

†*prosternitare* Cl. 134, 5 *auctoritatis pondere et rationis uiribus prosternitare (aliquem)*, vgl. die Praefatio meiner Ausgabe S. XLIIf. Zur Bildung des Wortes vergleiche die Reihen *defendere — defensare — defensitare, scribere — scriptare — scriptitare, ducere — ductare — ductitare, currere — cursare — cursitare*, ebenso *prosternere — *prosternare* (vgl. *consternare*) neben *prostrare — prosternitare.*

punctatim Cl. 185, 6 *collectim strictimque et ueluti punctatim sub mentis oculum redegi.*

†*quadrigonus* Cl. 195, 11 *numquam erit, ut figura circuli ex duabus aut tribus lineis fiat aut quadrigona ex tribus aut trigona ex quattuor.* Nicht richtig führt Georges, dem ich im Index meiner Ausgabe gefolgt bin, diese Stelle unter *quadrigonu, ae* an, denn offenbar ist *figura* mit *quadrigona* als Adjectiv zu verbinden; für das Adjectiv *trigonus, a, um* bringt Georges selbst mehrere Belegstellen bei. Dagegen ist *trigona* Substantiv bei Cl. 92, 20.

respiraculum Cl. 144, 3 *redactis paululum respiraculo pausae uiribus*, wo Georges nicht richtig *respiraculum* als ‚Luftröhre‘ deutet; auch das einfache Wort *spiraculum* findet sich bei Georges nur in dieser Bedeutung: doch vergleiche man Goelzer, Étude lexicographique . . de la latinité de St.-Jérome, S. 253: ‚*spiraculum peut être considéré comme un mot absolument nouveau. Il ne doit pas être confondu avec spiraculum signifiant ouverture, soupirail.* Saint-Jérome *l'emploie comme synonyme de spiratio, spiritus:* c. Joann. 21, col. 426 *insufflatum est spiraculum uitae in faciem eius;* Euseb. chron. col. 42 *cuncta in quibus erat spiraculum uitae‘.* Auch *respiraculum* an unserer Stelle ist synonym mit *respiratio.* Aehnlich ist *respiramentum* = ‚Erholung‘ bei Augustin. conf. 7, 7 extr., obwohl *respiramen* bei Ovid die Luftröhre bedeutet.

retrouersim Cl. 45, 10 *radii corporum quae inciderint repercussu retrouersim cedentes.*

† *reuentilare* Cl. 82, 2 *istius modi inlusiones in memoria patitur anima, ex qua nihil phantasiarum reuentilare ac proferre posset,* 206, 5 *illi ergo reuentilandi memoriaeque mandandi sunt.* Das Wort schliesst eigentlich einen Pleonasmus in sich, da schon das Simplex *uentilare* ,etwas hin und her besprechen, erörtern' (vgl. Fronto 157, 7 N. *unam eandemque sententiam multimodis faciunt, uentilant*) bedeutet. Freilich steht beim Simplex bei Claudian stets ein adverbieller Ausdruck, was deutlich beweist, dass für Claudian *uentilare* der Bedeutung nach nur mehr einem einfachen *disserere de aliqua re* gleichkam: 71, 3 *hoc ipsum diligentius uentilemus,* 144, 13 *quaestionem paulo scrupulosius uentilemus,* 173, 8 *trigeminum quaestionis huius, quoad strictim possimus, uentilemus obscurum.*

reuergere nach Georges nur bildlich = ,gereichen' bei Cl. 199, 6 *ecquo tumet occupatu umquam uspiamue implicabere, quin illud in aliorum commoda reuergat?* Uebrigens steht das Wort in seiner gewöhnlichen (eigentlichen) Bedeutung bei Jordanes Get. 11 *stellae uergentes aut reuergentes.*

reuisio Cl. 198, 6 *reuisionis potestas multis modis ac miseris perinde causis intercluditur.*

† *scientialiter* Cl. 117, 11 *illud in anima numerosum potius arbitror, quo eadem scientialiter compos est numeri.* Das dazu gehörige Adjectiv *scientialis* ist bis jetzt ebenfalls noch nicht nachgewiesen.

secabilitas Cl. 60, 4 *in dei uero ipsa trinitate huius secabilitatis et localitatis partes et spatia esse non dicimus.*

† *seminaliter* Cl. 77, 23 *illa quae ex his confiunt seminaliter coeuntibus corporis nomine includi non ambigitur.*

sensualiter Cl. 149, 18 *omnium sensualiter uiuentium principaliter tactus ex terra est.* Sehr gesunkenes Sprachgefühl beweist Isidor. de nat. rer. 33, wenn er schreibt: *pluuiae nubium eloquia sunt apostolorum, qui quasi guttatim, id est sensualiter ueniunt,* wo *sensualiter* für *sensim* steht.

subterluuio Cl. 25, 1 *ut in eis solemus locis, quae uel humoris adsidui subterluuione cedentia sunt.*

succinctim Cl. 19, 5 *satis habui, quam succinctim atque uti digito denotare uitanda.*

suggillatiuncula Cl. 137, 3 *cernas hic alium . . inter ructandum quasdam suggillatiunculas fringultientem ab alio . .
laudari.*

tenebellae Cl. 137, 14 *extrahentur etiam nuncupatim ex abditis
tenebellarum qui hactenus delituere.* Betreffs der Bildung
tenebellae aus *tenebrae* vergleiche die Glossen *furfuraculum·
terebellum* und *furfuraculum · terebra* bei Löwe in
Wölfflin's Archiv I, 27. Das *r* musste natürlich, als in der
Deminutivendung enthalten, schwinden, vgl. *libra — libella,
flagrum — flagellum, castrum — castellum* u. s. w.

transmundanus Cl. 144, 20 *abhinc ignium aetheriorum spatia
usque in extima transmundana.* Apuleius hat die Com-
position *ultramundanus* de dogm. Plat. I, ·11.

triformitas Cl. 174, 20 *nobis dicito quibus modis quoue situ
triformitas cerebri coeat.*

uigidus Cl. 171, 21 *minus in confutationem sui penes consilii
uigidos habere laboris debent,* 181, 5 *fallacia penes intel-
lectu uigidos illud negotii facessiuit.* Aus Claud. Mar.
Victor's Comment. in Gen. I, 375 führt De Vit s. u
uigidus an: *porro dum mundi uitiis et labe carebant (sc.
Adam et Eua) diuinis uigeti animis, nullius egeni,* jedoch
ist hier jedenfalls *uegeti* näherliegend als *uigidi.*

unescere Cl. 171, 13 *testimonium, quod a nobis disparascere
arbitraris, animaduertis nobiscum profectu disputationis
unescere (unascere A),* vgl. Sittl, de linguae latinae uerbis
incohatiuis in Wölfflin's Archiv I, 485, wo ich aber eine
Bemerkung über das bei Plin. 17, 161 D. sich findende
Inchoativ *uniscere* vermisse: *est et luxoriosa ratio uites se-
rendi, ut quattuor malleoli uehementi uinculo colligentur ...
uniscunt hoc modo recisique palmitem emittunt (unescunt D¹).*

Aus dieser Zusammenstellung der Worte, die wir bis
jetzt nur bei Claudian nachweisen können, lässt sich zugleich
auch ein Urtheil über die stilistische Geschmacksrichtung Claudians fällen. Als Nachahmer des Apuleius theilt nämlich Claudian
dessen Vorliebe für Substantiv-Neubildungen auf -men
und -mentum *(acumen = acies, alternamentum, interpolamentum*
von Claudian gebildet, daneben noch *adiumentum, argumentum,
augmentum, blandimentum, deliramentum, detrimentum, elementum,*

figmentum, firmamentum, fomentum, incrementum, indumentum, inlectamentum, intertrimentum, libramen, luctamen, machinamentum, praedicamentum, praepedimentum, spectamen, stabilimentum, supplementum, temperamentum, terriculamentum, tormentum, uelamen), für Substantiva deminutiua (in besonders auffallender Weise: *meditatiuncula, opellum, pondiculum, suggillatiuncula, tenebellae* sind von Claudian neugebildet, ausserdem finden sich noch *apicula, auicula, capitulum, ceruicula, chartula, corpusculum, flosculus, formicula, granulum, guttula, homunculus, igniculus, lectulus, modulus, opusculum, panniculus, particula, puluisculus, ratiuncula, sermunculus, uentriculus, uenula, uermiculus*), endlich für Adverbia auf *-im* (*auersim, collectim, indisiunctim, punctatim, retrouersim, succinctim* nur bei Claudian sich findend, ausserdem *directim, gradatim, indefessim, iuxtim, nuncupatim, ordinatim, particulatim, sparsim, speciatim, strictim, transuersim*). Mit Vorliebe gebraucht ferner Claudian Inchoativverba (so *disparascere, unescere* neu, und ausserdem *acescere, aegrescere, brutescere, clarescere, concupiscere, enitescere, feruescere, innotescere, labascere, obdurescere, patescere, pauescere, pinguescere, puerascere, tabescere, tenebrescere, tumescere, ueterescere*), sowie Frequentativ- und Intensivverba (*prosternitare* hat Claudian selbst gebildet, ausserdem finden sich bei ihm *actitare, agitare, coniectare, defensitare, dictitare, dissertare, edissertare, haesitare, lectitare, obiectare, ostentare, proquiritare, scriptitare, uocitare*). Am auffallendsten aber ist der ausgedehnte, ja masslose Gebrauch von Adjectiven auf *-bilis* und der dazu gehörigen Adverbien (*illuminabilis, indiscriminabilis, indiscussibilis* sind Neubildungen Claudians, denen sich anreihen: *cogitabilis, comprehensibilis, conspicabilis, contemplabilis, corruptibilis, credibilis, damnabilis, formabilis, formidabilis, inaccessibilis, incogitabilis, incommutabilis, incomprehensibilis, incontaminabilis, indemutabilis, indissociabilis, indissolubilis, ineffabilis, infatigabilis, inimitabilis, inmensurabilis, inmutabilis, innumerabilis, inpassibilis, inprobabilis, insecabilis, insensibilis, inseparabilis, insolubilis, intellegibilis, intemerabilis, intransmeabilis, inuiolabilis, inuisibilis, laudabilis, mensurabilis, mirabilis, numerabilis, passibilis, penetrabilis, plectibilis, ponderabilis, possibilis, probabilis, recordabilis, remissibilis, sensibilis, stabilis, uenerabilis, ueniabilis, uisibilis, uulnerabilis;* — Adverbia neu:

accessibiliter, ausserdem *delectabiliter*, *inconfusibiliter*, *indisso ciabiliter*, *indissolubiliter*, *ineffabiliter*, *inmobiliter*, *inreprehen- sibiliter*, *intellegibiliter*, *passibiliter*, *stabiliter*, *uisibiliter)*, sowie der Adverbien auf -*aliter (scientialiter*, *seminaliter*, *sensua- liter* neu, ausserdem *animaliter*, *carnaliter*, *corporaliter*, *essen- tialiter*, *figuraliter*, *incorporaliter*, *inlocaliter*, *inmortaliter*, *in- tellectualiter*, *indicialiter*, *naturaliter*, *poenaliter*, *potentialiter*, *primordialiter*, *principaliter*, *substantialiter*, *temporaliter)*. Neu- bildungen zusammengesetzter Worte, wie *antetemporaneus circumgarrire, intercaelestis, perincatholicus, transmundanus,* können Zeugnis von einer gewissen Virtuosität in der Handhabung der Sprache bei Claudian ablegen.

B. Singuläre Bedeutungen oder Constructionen einzelner Worte bei Claudian.

Nicht nur der Neubildungen wegen ist die Sprache Clau- dians interessant und lehrreich, sondern vielleicht noch mehr wegen der zahlreichen neuen Constructionen und Bedeutungs- verschiebungen, die längst bekannte und gebrauchte Worte durch Claudian erfuhren. Da in dem Index meiner Ausgabe der Raumverhältnisse halber nur in wenigen Fällen auf singu- läre Bedeutung des jeweiligen Wortes Bezug habende Notizen aufgenommen werden konnten, so habe ich den Vorwurf nicht zu fürchten, dass ich hier schon anderswo Gesagtes neuerdings auftische. Wie bisher nehme ich hiebei die neueste Auflage des Handwörterbuches von Georges zum Ausgangspunkte, in- dem ich hier nur solche Notizen gebe, die sich in dem treff- lichen Werke des hochverdienten Lexikographen nicht finden, aber doch einigen Anspruch auf Beachtung erheben zu dürfen scheinen.

abhorrere: abhorret absolut gebraucht mit folgendem Infinitiv entsprechend einem *absurdum est* Cl. 149, 21 *non abhorret aliquid illic esse terrenum,* dagegen Augustin de quantitate animae XIV, 24 *non abhorret a uero animum carere omni corporea magnitudine.*

acescere in übertragener Bedeutung = *liuidum esse* Cl. 22, 6 *accedit ad hoc etiam acescentis semper liuoris intentio (aci- scentis A B C R S[1], macescentis A. Schott).*

acumen für *acies* Cl. 49, 10 *sic tamen quod nonnullae inrationales animantes prae hominibus uigent acumine uidendi,*
wohl aus der Vorliebe Claudians für Substantive auf *-men*
und *-mentum* zu erklären.

accessio = *accidentia* Cl. 28, 13 *quia adfectio accessio est,*
vgl. unten S. 508.

adniti in übertragener Bedeutung mit dem Dativ verbunden
Cl. 205, 20 *eo copiosius te adniti oportere scientiae.*

adstipulari mit passiver Bedeutung Cl. 135, 9 *eatenus diui-
narum tractatoribus scripturarum fidem adhiberi par est,
quoad usque eidem tenore ueritatis adstipulantur. Eidem*
kann hier nur Nominativ sein *(sc. tractatores),* da als
Dativ aufgefasst *(sc. fidei)* es den Sinn des Satzes schädigen
würde. Dies erkannten bereits Barth und Schott sehr
wohl und edirten *tenori,* meines Erachtens mit Unrecht,
da sich durch Annahme einer passiven Construction die
Ueberlieferung ganz gut halten lässt.

agnitio = *intellectus* Cl. 161, 6 *quod eo usque est simplicis con-
sequentiae, ut agnitio* (vorausgeht *intellegas necne dubi-
tauerim) eius non dicam in promptu sit, sed ne uitari
quidem facile ualeat.*

alternare Cl. 19, 13 *post de animae statu uarium cum aduer-
sario luctamen alternat.*

ambigere aliquid, hervorgegangen aus der persönlichen Construction des Verbums im Passivum Cl. 191, 14 *minime
nos habere quorum conlatione de eis, quae ambigimus, firmi
stabilesque reddamur.*

anticipare mit Acc. = *ante aliquid esse* Cl. 74, 20 *est in
pecude . . mortalis anima, quae uitam corporis nec anticipat nec posticipat.*

apud inuicem Cl. 98, 25 *semper apud inuicem eritis, quia in
uno consistitis.* Bisher kannte man nur *ad inuicem, ab
inuicem* (Georges), *aduersus inuicem, post inuicem* (Koffmane,
Geschichte des Kirchenlateins, Breslau 1879 ff. S. 138),
pro inuicem, sub inuicem und *in inuicem* (Hand, Tursellinus III, 449—57).

arbitrari = *iudicare* hervorgegangen aus der als Terminus
technicus der Gerichtssprache bekannten Bedeutung ‚als
Schiedsrichter einen Ausspruch thun' Cl. 139, 5 *ex quis*

arbitrabere, utrumnam istud in inpios prophetici sermonis oraculum an in te sit porrectum (dagegen 52, 1 *qui si arbitrantium hoc est dubitantium sequitur forte sententiam*).

arbitrium = ‚Ansicht, Meinung‘ Cl. 52, 1 *beatum uero Hieronymum de spiritibus corporatis quorundam referre dicis arbitrium: qui si arbitrantium, hoc est dubitantium sequitur forte sententiam.*

in articulo wahrscheinlich juristischer Terminus, bei Georges erst aus dem Codex Justinianeus belegt: Cl. 23, 13 *ni eandem in articulo reposcas.*

astrologica = ἀστρολογική Cl. 81, 7. Als Adjectiv ist *astrologicus* nach Georges ἅπαξ εἰρημένον bei Boet. cons. 2, pros. 7 in.

autem uero (vgl. *sed autem* bei den Komikern und Vergil) gleichkommend einem *enim uero* Cl. 198, 10 *porro autem uero quod saepenumero scriptis uestris alii inpertiuntur* etc. Vgl. *uero autem* unten S. 504.

authentici substantivisch = ‚die Aposteln‘, s. oben S. 465.

camera übertragen Cl. 45, 7 *igniculi quidam indefessim scintillantes in cameram capitis quasi in caelum nostri corporis subuolant.*

catholica ohne *ecclesia* findet sich bis zum 5. Jahrhundert nur bei afrikanischen Schriftstellern (vgl. Wölfflin’s Archiv I, 153): Cl. 25, 25 *sanitas catholicae nostrae non recipit,* 23, 2 *catholicae* (Genetiv) *sanitati opiniones inimicas stulte concipiunt.* Auffallend und bezeichnend ist es, dass andere Gallier, wie Salvian, Alcimus Avitus und Ennodius diese afrikanische Ellipse nicht zu kennen scheinen. Das Fehlen derselben bei Sidonius ist nicht massgebend, da er zu wenig Gelegenheit hatte, den Ausdruck zu verwenden.

circulus als Adjectiv = ‚kreisend, im Kreislaufe befindlich‘ Cl. 92, 7 *quid mihi proderit uspiam altitudinem corporei caeli quaerere, planorum siderum diastemata uel circulorum uias uel singulorum interualla rimari.* Hier ist deutlich *planorum siderum* dem *circulorum (sc. siderum)* entgegengesetzt, denn wäre *circulorum* als Substantiv aufzufassen, so wäre das folgende *singulorum*, zu dem offenbar nur *siderum* ergänzt werden kann, nicht erklärlich. Unter *circula sidera* können nur die Planeten (also eigent-

lich ‚kreisende Sterne') verstanden werden, unter *plana
sidera* nur die Fixsterne, worüber s. u. *planus* die Rede
sein wird.

compos gebraucht Claudian auch in Verbindung mit einem
Dativ: 45, 13 *auditus insequitur illi elemento compos,
quod Graeci uocant aethera*, 100, 11 *oportuit igitur hasce
distantias pro suis qualitatibus sibi compotes sortiri pa-
tronos*, 181, 1 *ut auctori probo causae probitas compos
sit*. Es leuchtet ein, dass *compos* hier für *compar* gebraucht
ist. Weit weniger auffallend würde es sein, wenn nur die
Form *compos* so angewendet wäre, die sich doch viel
weniger von *compar* lautlich unterscheidet, als jenes *compotes* von *compares*. Wir haben demnach anzunehmen,
dass zu Claudian's Zeit in Gallien das Adjectiv *compos* in
allen Endungen in der Bedeutung und Construction von
compar in Verwendung war. Demgemäss findet sich *compar*
bei Claudian nirgends, während *compos* in seiner gewöhnlichen Bedeutung (mit dem Genetiv verbunden) fünfmal
vorkommt (94, 11. 117, 11. 129, 9. 130, 8. 190, 1). Bei
Erklärung dieser eigenthümlichen Bedeutungverschiebung
hat man von den Nominativen *compos* und *compar*, deren
Aehnlichkeit ohne Zweifel die Verschmelzung beider
Worte verursachte, auszugehen.

concrepare übertragen in der Bedeutung von *consentire (con-
sonare)* Cl. 130, 15 *quid orbis uniuersi de animae statu
nobis concrepare iudicium in his dumtaxat qui merito
enituere conuincam?* Auffallend ist, dass *concrepare* in
dieser Bedeutung sich nur hier findet, während *discre-
pare = dissentire* doch bekanntlich in ausgedehntestem
Gebrauche stand.

coniuere = consentire, conuenire. Ein merkwürdiges Beispiel,
wie zwei durch ähnlichen Klang an einander erinnernde
Wortformen auch der Bedeutung nach mit einander ver-
schmolzen, bietet Claudian in dem Particip. Praes. Act.
von *conuenire* und *coniuere, conuenientia* und *coniuentia*.
Wir lesen also 75, 18 *illo enim ut puta sanguinis inpetu
coniuentium (E²MR* und wahrscheinlich *T, conuentium
CG, conuiuentium HLS, conuenientium ABDE¹F) elementorum harmonia turbata*, 124, 23 *cum uideamus illic ualde

6

*consentanea nostrisque oppido coniuentia (GHLMRST,
conuentia BF¹, coniuuentia AC, conuenientia DE) pronun-
tiari*, 149, 13 *suntue haec omnia genti mortalium uel coniuentia (ABCG²HLMR, conuencia G¹, conuuientia FS¹,
conuenientia DFS²) usui uel iucunda spectamini?* Dagegen
164, 1 *pars unaquaeque membrorum qualitati suae conueniens gessit officium*, 104, 9 *duo similia eademque conuenientia* (Gegensatz Z. 8 *dissimilia eademque contraria*).

An sämmtlichen Stellen erfordert der Sinn Formen von
demselben Verbum, von *conuenire;* und doch geht es nicht
an, jene drei von *coniuere* gebildeten Participien zu corrigiren, da sie diplomatisch zu gut beglaubigt sind: nur
die allerschlechtesten Handschriften haben *conuenientia*,
während die fehlerhaften Lesarten anderer, wie *conuentia*,
coniuuentia nur als Corruptelen aus *coniuentia* aufgefasst
werden können. Es ist also an der Thatsache, dass Claudian *coniuentia* = *conuenientia* gebrauchte, unbedingt fest-
zuhalten und nur nach einer Erklärung dieser auffallenden
Erscheinung zu suchen. Der ähnliche Klang beider par-
ticipialen Formen kann unmöglich allein genügt haben,
um ihre Verwechslung zu motiviren: es müssen jedenfalls
auch die Bedeutungen beider Wörter sich berührt haben.
Diess ist auch unschwer zu constatiren. Wenn nämlich *conueniens* ,übereinkommend, zusammen-, übereintreffend,
übereinstimmend, harmonierend' bedeutet, *coniuere* aber
,sich zusammen neigen, sich schliessen, ein Auge zudrücken,
Nachsicht haben, — üben, durch die Finger sehen, nachsehen' heisst, so mag sich aus der Bedeutung ,mit etwas
Nachsicht haben, etwas nachsehen' (*coniuentia*, *ae* ,die
Nachsicht' ist bei Georges nur durch spätlateinische
Autoren, aber durch sie mit zahlreichen Citaten belegt)
die naheliegende ,zu etwas zustimmen' entwickelt haben,
also *coniuere* = *consentire* = *conuenire;* man vergleiche das
obige *ualde consentanea nostrisque oppido coniuentia*.

Einen passenden Beleg, wie nahe sich die Bedeutung
von *coniuere* mit der von *consentire* berührt, bietet Sidonius
ep. IX, 7. S. 155, 19 *ultro scrinia tua coniuentibus nobis ac
subornantibus effractorum manus arguta populabitur*, wo *coniuentibus* wohl synonym für *consentientibus* gebraucht ist.

Interessant ist nun, dass diese von uns für *coniuere* statuirte
Bedeutung durch verschiedene Glossen ihre vollste Bestäti-
gung findet; vergleiche die Mittheilung Loewe's aus dem
im Cod. Ambros. B 31 sup. saec. IX enthaltenen Glossare
in der Revue de philologie, Bd. VII (1883) S. 201 *coniben-
tibus · fabentibus, consentientibus* und (als Substantiv) *coni-
bentia · conspiratio uel consensio.* Bei Du Cange wird für
coniuere = *consentire* citirt: *Vetus inscriptio Massiliae:
Augustini Augustalis tutor coniuente Dunrio fratre eius et
haerede ponendum curauit* und *concrepare conibere i. e. consentire* aus Gloss. Ms. Sangerm. n. 501.

Ich glaube demnach, dass in Zukunft das lateinische
Lexikon den Artikel *coniuens* Participial-Adjectiv = ,über-
einstimmend, harmonierend' (Georges hat ja auch den
eigenen Artikel *conueniens* neben *conuenio*) aufzunehmen
haben wird. Bei Begründung der auch durch die Glossen
bezeugten Bedeutung von *coniuere* gleich *conuenire* darf
man den Einfluss, den der Gleichklang der Participialformen *conuenientia* und *coniuentia* gehabt haben
muss, um so weniger vergessen, als bisher sich nur in
diesen Participialformen jene Bedeutungsberührung nachweisen lässt.

conscius in Verbindung mit *bene, male (= bonam, malam
habens conscientiam)* siehe oben S. 465.

continere Cl. 90, 10 *hoc namque continet in figuris punctum,
quod unus in numeris (= eundem locum tenet . . punctum,
quem unus in numeris).*

cordax = *cordatus* s. oben S. 466.

cubicularius übertragen Cl. 129, 17 *qui cubiculariis disputationibus de sublimium indage causarum aliquid sopori-
ferum in lectulis oscitantes anilium opinionum suspiciones
edormiunt.* Bei Fulgent. myth. I, praef. S. 25 M.
steht *cubiculariae fores,* sonst heisst das Adjectiv *cubi-
cularis.*

dediscere gleich dem Simplex *discere* Cl. 204, 2 *quod non
modo ad innouandum quippiam, sed ne ad dediscendum
quidem absque te uno disciplinae nobilis ullus adspirat,
neglegentiae id humanae adscribemus an naturae?*

6*

dispariliter von Georges nur aus Varro belegt: Cl. 75, 4 *quo modo fit ut anima eodem nutu sanum infirmumque membrum dispariliter moueat?*

dispudere persönlich construirt Cl. 172, 5 *non dispudet auctor huius sententiae exemptae animae corporalitatis capessere indicium?* Die persönliche Construction des Simplex ist bekanntlich nicht gerade selten.

ea = eo (ea ratione, hanc ob rem) s. unten S. 520.

edormire prägnant gleich *dormiendo proferre* Cl. 129, 20 *ueternosas anilium opinionum suspiciones edormiunt.*

emoliri = demoliri Cl. 37, 9 *quoniam non impendio emolienda sunt, quae per se labascunt.*

enisus (enixus) bei Georges nur in der Bedeutung ‚das Ge-bären, die Geburt‘ sich findend, bedeutet ‚das Be-mühen, die Anstrengung‘ bei Cl. 180, 22 *quis positis temere duobus non utrumque primum, si queat, alterutrum-que scilicet, si utramque nequeat, enisu cuipiam si non probabile, certe credibile faciat?* In derselben Bedeutung steht als ἅπαξ εἰρημένον annisus bei Symmachus ep. V, 74.

euirare gebraucht in übertragener Bedeutung Cl. 205, 30 *ora-toriam fortitudinem plaudentibus concinentiis euirant* und nach ihm die Persiusscholien I, 95 *sicut robur carminis leuitate enirauimus linguae.*

facilis in Verbindung mit dem ersten Supinum (auf -um) Cl. 70, 10 *populus qui hoc ipsum facillimum factum fore deo promittente non credidit (factu* ABCDEF²), 131, 4 *facile profecto hoc idem factum mihi esset (factu* H²LS).

falsiloquium nach Georges ἅπ. εἰρ. bei August. retract. prooem. extr. findet sich bei Cl. 132, 10 *hisce falsiloquiis circumgarrientibus.* Ueberhaupt liebt Claudian die Ver-bindungen mit *-loquium*, besonders im Plural, vgl. *elo-quium, obloquium* (der Plural nur bei ihm und Sidonius, vgl. oben S. 470).

fauus in bildlichem Sinne Cl. 205, 15 *quos ingenii melle repleas eloquentiae conficis fauos* (vgl. 205, 18).

febris bildlich Cl. 167, 9 *postquam hydrope superbiae tumuit et inuidiae febre tabuit.*

finalis = finitus s. oben S. 467.

forma = exemplum Cl. 199, 17 *iuxta formam euangelici largi-*
toris quod non das amico esurienti dabis inprobo pulsatori.
Man bemerke die pleonastische Ausdrucksweise *iuxta*
formam, während doch *iuxta euangelicum largitorem* dasselbe besagt hätte.

fraudare: fraudatus mit dem Genetiv Cl. 19, 3 *ego uero et*
fraudatus temporis et occupatus animi satis habui.

Gabriel wird von Claudian stets als der zweiten Declination
angehörig behandelt: 162, 6 *Gabrielum,* 163, 6. 166, 21
in Gabrielo, 164, 18 Dat. *Gabrielo,* so überall nach der
überwiegenden und besten Ueberlieferung (vgl. die Praefatio meiner Ausgabe S. XLIIII).

hinc = de hac re s. unten S. 521.

inaestimatus hat bei Georges nur die aus Juristen belegte
Bedeutung ‚untaxiert, ungeschätzt‘; bei Cl. 34, 21 *inte-*
merabilis atque inaestimata diuinitas steht es jedoch für
das sonst gewöhnliche *inaestimabilis.*

incolumis = sanus Cl. 74, 17 *quod quia nemo hominum incolumi*
potest ferre iudicio.

inconfusibiliter zuerst von Claudian gebraucht 59, 24 *incon-*
fusibiliter misceri, nach ihm Cassiod. in psalm. 9, 1.

indefensus ‚unangefochten‘, also mit *inoffensus* gleichbedeutend
Cl. 127, 18 *hinc egomet testium meorum indefensis hactenus*
mihi testimoniis utendum ratus sum (indefessis AE²M,
was aber einen verkehrten Sinn gibt).

inexhaustus übertragen Cl. 22, 9 *inexhausto firmatoque odio.*

insinuare sowohl in der Bedeutung als auch in der Construction einem *appellare* gleichkommend Cl. 118, 22
pondus ergo . . caritas est patris et filii, quoniam spiritum
sanctum apostolus proprie insinuans inquit (quoniam M,
quem die übrigen Handschriften; ist *quam [sc. caritatem*
patris et filii] zu schreiben oder lässt sich vielleicht sogar
quem als Attraction des Genus an den folgenden Prädicats-
accusativ *spiritum sanctum* auffassen?).

intellegentia ‚Begutachtung‘ Cl. 191, 8 *libellorum a me trans-*
missorum editio me fecit cautum atque sollicitum, ut eorun-
dem intellegentiam iudicio non committerem meo, sed ad
potioris peritiam destinarem,

intemerandus bei Georges &π. εἰρ. aus Val. Flacc. V, 642
hat auch Cl. 37, 20 *non tam probatae rationi aut inte-
merandae auctoritati concessit* (sonst sagt Claudian *intemerabilis* 30, 19. 33, 4. 34, 21).

interserere Cl. 150, 24 *nisi inter corpus et deum natura se
substantiae incorporalis interserat.* Zu diesem Verbum
scheint Claudian das Participium *intersitus* gezogen zu
haben, vgl. 140, 24 *postque paululum sententiam quoque
intersita disputatione (= disputationem interserens) subiun-
git,* 169, 1 *chaos quod inter sontes innoxiasque animas
intersitum locis merita secernit,* 143, 15 *sana catholicae
fidei doctrina itatenus intersito gradu (= gradum interserens) ab imis ad media, a mediis ad summa conscendit,*
147, 8 *intercaelestis uacui concauum, quod a tertio caelo
alia intersiti aeris profunda discriminant.*

inuisibilitas Cl. 44, 14 *inuisibilitas incorporei;* Georges citirt
nur Tertull. adu. Prax. 14.

istinc = de ista re s. unten S. 521.

iuge bei Georges &παξ εἰρημένον aus Prud. περὶ στεφ. 10, 472
findet sich bei Cl. 43, 21 *iuge namque uideremus, si lu-
ceret uisus.*

lanx bildlich Cl. 48, 5 *omissis omnibus hac tantum lance pen-
debit* (= wird sich in der Alternative befinden), *ut . . .
nunc in aduersarii, tunc in magistri sententiam pedibus
transeam* etc.

libra bildlich Cl. 189, 13 *adhibeto iustitiae libram;* neu scheint
auch Cl. 174, 22 *nobis dicito quo situ . . regula lienis
haereat, stomachi libra pendeat* zu sein.

ligatura übertragen Cl. 175, 1 *quae tortuosae botulorum enodibusque ligaturis explicitae inflexiones ac reflexiones;* ähnlich
schon Ambros. enarr. in psalm. 36, §. 55 von Ringenden
ligaturis tantum corporis certare.

lippum substantivisch in übertragener Bedeutung Cl. 171, 1
*quia cum lippo imaginationum corporalium intro inspicere
nequimus.*

medullitus ,aus dem Innern heraus‘, wie *caelitus* ,vom Himmel
herab‘ s. oben S. 448.

metricus Cl. 42, 20 *ex quorum (elementorum) metrico pro portione conuentu conpactis rate dimensionibus uegetante anima uiuens corpus efficitur.*

momentarius ‚augenblicklich, plötzlich' Cl. 148, 18 *quoniam uices et spatia temporum et moras dierum momentaria mundi creatio non admittit,* vgl. Apul. met. X, 25 *momentarium uenenum.*

musice Cl. 73, 10 *ex his elementis quattuor, quae moderate musiceque in arboris uitam sibi concinunt;* ebenso *musicus* Cl. 149, 12 *quod (sidera) distinctis numerose choris et musicis interuallis aetherem pingunt.* Bei Georges ist nur Plaut. most. 729 (wohl wörtliche Uebertragung von μοισικῶς des griechischen Originals) citirt.

mussitare in der Bedeutung ‚leise vor sich hinmurmeln, murmeln' mit dem Accusativ Cl. 137, 12 *qui uel in magnos uiros obloquia uel de rebus summis deliramenta quaedam mussitant.*

nexuosus bildlich Cl. 120, 21 *non ego nunc rationum tramitem et nexuosissimas quaestionum minutias reuoluo.* In der eigentlichen Bedeutung findet es sich erst bei Cassiod. var. XI, 40.

nouitii (diese Orthographie hat der Codex sowohl 205, 27 als 206, 5) = *neoterici* Cl. 206, 5 *quisquis recentiorum aliquid dignum memoria scriptitauit, non et ipse nouitios legit.*

numerosus = *numerabilis* Cl. 115, 4 *mensurabilem uero aerem et pro numero partium numerosum (numerabilis* findet sich bei Claudian sehr häufig); dagegen 116, 18 *animaduertisti haec esse in corporibus signa numerorum, quod scilicet numerosa sint corpora, quae sibi secundum praestantissimam numeri aequalitatem partium parilitate respondeant,* vgl. 116, 22 *sic itidem illud numerosum corpus esse dicamus, quod rata dimensione formatum, ut uerbo tenus humanum, quae sunt bina sic habeat ex aduerso posita, ut sibi nec magnitudine nec specie nec loco dissentiant, ut sunt aures et oculi, quae item singula, ut nasus et os, medium locum teneant atque ut esse pulchra possint concinentiam summae aequalitatis imitentur,* bedeutet *numerosus,* wie namentlich aus der letzteren Stelle hervorgeht, ‚harmonisch, symmetrisch' (vgl. 117, 9 *numerosa parilitas,* 117, 1 L. 12), ebenso *numerose* Cl. 149, 12 *quod distinctis numerose choris et musicis internallis aetherem pingunt* wohl obigem *musice* der Bedeutung nach gleichkommend und bei Georges in die Rubrik ,abgemessen' als Terminus technicus der Philosophensprache einzuordnen.

omnigenus kennt Georges nur 1. als Indeclinabel = *omne genus*, 2. als Adjectiv ἅπ. εἰρ. bei Prud. adv. Symm. I, 13 in der Bedeutung ,alles hervorbringend', ausserdem als Substantiv *omnigena, ae*, von dem man wohl Cl. 184, 7 *omnigenum natura uitarum*, aber nicht 47, 4 *omnigenum corpus* herleiten kann. Es wird also für Claudian ein Adjectiv *omnigenus a*, um in der Bedeutung des Substantivs *omnigena* zu statuiren sein. Ist übrigens hieher nicht auch *omnigenis formis* bei Claud. Gigant. 51 zu rechnen?

ordinatim = *ordinate* ,in gehöriger Ordnung' Cl. 71, 5 *ab extremo uiuentium genere ad rationalem quoque uitam ordinatim gradatimque ueniamus.*

passibiliter bei Georges ἅπ. εἰρ. bei Tertull. de anim. 45: Cl. 26, 21; Fausti epist. 6, 17.

penes = *secundum* Cl. 138, 8 *teste utitur ipsa diuina sapientia testimonia penes scripturarum.* Durch Statuirung derselben Bedeutung wird auch folgende Stelle klar 127, 19 *quia penes illos tantum, qui toto sui admodum corpus sunt, de hisce ueritatis uadibus dubitabimus* und hiermit erledigt sich auch die schwer verständliche Stelle 177, 12 *ut tamen istos professionis suae nexibus teneam, penes* (= *secundum*) *hominem* (der Gegensatz ist *secundum deum*, vgl. Z. 6 *uerum est, quod anima corporea sit, quoniam animae creator id nouit) ipsis etiam fatentibus incorporeus est humanus animus.*

persuasus, us in der Bedeutung ,Ueberzeugung' Cl. 189, 15 *sin, quod ego nolim nec faxis persuasu istuc, utique obstinatio est.* Die Stelle ist übrigens handschriftlich sehr verderbt überliefert; früher vermuthete ich (praef. S. XLIII) *persuasus* (Particip), indess scheint mir jetzt *persuasu* den Vorzug zu verdienen, da das Substantiv zu dem offenbar gegensätzlichen *obstinatio* besser passt.

pinguescere bildlich Cl. 76, 22 *inlocaliter illi fraglat aequitas, foetet iniquitas, uanitate tabescit, uirtute pinguescit,* 105, 4

*nec tumescat sola uanitate nominum, sed pinguescat multi-
moda ueritate rationum.*

planus Cl. 92, 6 *quid mihi proderit . . planorum siderum diastemata uel circulorum uias uel singulorum interualla rimari.*
Hier sind die *plana sidera* den *(sidera) circula* (vgl. oben
unter *circulus*) entgegengesetzt und können darunter nur
die Fixsterne zu verstehen sein. Es gibt übrigens noch
eine zweite Möglichkeit die Stelle zu erklären. Wenn
man die Sidoniusstelle ep. VIII, 11, S. 142, 5 *quemcum-
que clementem planeticorum siderum globum in diastemata
zodiaca prosper ortus erexerat* vergleicht, so möchte man
vermuthen, dass auch bei Claudian *plan⟨etic⟩orum siderum*
zu schreiben sei, wenn man nicht noch lieber an das
griechische Adjetiv πλάνος denken und demnach in *planus
a,* um ein latinisirtes griechisches Wort erblicken will
(bei Manetho 4, 3 heissen die Planeten πλάνα φέγγη).
Uebrigens möchte ich mich für die zuerst vorgebrachte
Deutung aus dem Grunde entscheiden, weil durch ihre
Annahme das *circulorum* seine passendste Erklärung findet.

plectrum wie das griechische πλῆκτρον als Werkzeug zum
Schlagen bei Cl. 170, 1 *et organo pectoris et tibia gutturis
et oris cauo et linguae plectro . . uerba uocibus effice,* da
allerdings die Zunge beim Sprechen die Dienste eines
πλῆκτρον zu versehen hat; ähnlich Cl. 174, 22 *dicito,
quibus modis . . cordis plectrum feriat (cordis* ist natürlich
epexegetischer Genetiv).

porrigere = *dirigere* Cl. 139, 7 *utrumnam istud in inpios prophetici sermonis oraculum an in te sit porrectum.*

postponere bekanntlich gewöhnlich nur in der übertragenen
Bedeutung ,hintansetzen' gebraucht, steht in seiner eigentlichen Bedeutung Cl. 140, 13 *cumque ex his duobus quod
ante dictum est inpiorum blasphemia sit, quod postpositum (sc. est) tua sententia* (also *postpositum = posteriore
loco positum [dictum]*).

prae als modales Adverbium s. unten S. 519.

praecerpere = *carpere* Cl. 205, 14 *doctiora quaeque uelut thyma
fraglantia et fecundiora ueluti quaedam florida praecerpens,*
wenn man nicht auch hier in dem *prae* des Verbums
dieselbe Bedeutung, wie in dem modalen Adverbium

prae bei Claudian, statuiren will, wonach also *fecundiora florida praecerpens* einem *fecundiora florida inprimis carpens (prae ceteris carpens)* gleichkäme.

praefixus in der bisher nicht nachgewiesenen Bedeutung ,vorher festgestellt' (vgl. das Simplex bei Cicero: *fixum et statutum est* und Sid. ep. VIII, 6, S. 131, 25 *de cetero fixum apud me stat constitutumque*): Cl. 203, 11 *repositas originalium primordiorum causas et temporaliter fluentium substantiarum praefixos aeuo terminos indage et arte conplexi non modo intra mundanum, sed supercaeleste etiam introiere secretum;* ebenso gebraucht es der späte Auctor inc. de Const. Magno ed. Heydenreich (s. unten S. 537).

praelibare ,credenzen' in übertragener Bedeutung Cl. 19, 17 *(liber) quippiam ex geometricis .. et philosophomenon regulis modeste ac moderate et quam potuit parciter praelibauit (= protulit)*, dagegen ist 146, 17 *iuxta praelibatam tacita discussione rationem ternarium caelorum numerum differentiamque uideamus* das Verb *praelibare* mit *praecipere* synonym.

praesentaneus in der Bedeutung ,gegenwärtig' bei Georges &a . εἰρ. aus Commodian. instr. 1 8, 1 findet sich auch Cl. 135, 13 *haudquaquam tamen Eucherium praeterierim mihimet uiuente doctrina et praesentaneis coram disputationibus cognitum*, vgl. auch Sidon. VI, 11, S. 101, 2 *praesentanea coram narratione patefaciet;* ep. VII, 14, S. 120, 18 *per quem absentum dumtaxat institutorum tantus colligitur affectus, quantus nec praesentanea sedulitate conficitur;* VIII, 13, S. 145, 18 *de cetero, quae ipsi fuerit isto causa ueniendi, praesentaneo conducibilius idem poterit explicare memoratu;* VII, 10, S. 117, 25 *praesentaneo potest intimare memoratu.*

profectus ,der Fortgang, das Vorschreiten der Rede', wie *progressio* Cl. 171, 12 *animaduertis (testimonium) nobiscum profectu disputationis unescere.* Ein auffälliger Plural des Wortes (in seiner gewöhnlichen Bedeutung) findet sich Cl. 146, 14 *alioquin cedent auiculis homines, atque ad aeternitatem non profectibus ibit quisque, sed passibus.*

profluus in übertragener Bedeutung mit dem Genitiv verbunden Cl. 135, 17 *scientiae plenus, eloquii profluus*, vgl.
204, 20 *profluente eloquio.*

progressio ‚das Fortschreiten, der Lauf der Gestirne‘ (nicht
‚Wachsthum‘!) Cl. 149, 7 *uel lunaris globi per incrementa
ac detrimenta uariatio uel astrorum uagus ratusque cir-
cuitus uel per magnos orbes congressus siderum et statuta
progressio.* Dunkel bleibt mir der Satz Cl. 72, 13 *(ad-
spice nunc ad conficiendam hanc ipsam arboris uitam omnium elementorum particulatim semina conuenisse) est illi
uidelicet terra in crassitudine, aqua in humore, aer in pro-
gressione, ignis in germine*, doch scheint unter *progressio*
die Entwicklung des Baumes in die Höhe (also ein modi-
ficirtes *altitudo*), sowie unter *crassitudo* die Entwicklung
des Baumes in die Breite zu verstehen zu sein.

proludium bei Georges nur durch Stellen aus Ammian belegt
Cl. 162, 6 *Gabrielam tibi quasi quoddam linguae proludium
deligis.* An das von den Afrikanern Apuleius und Gellius
der Komikersprache entlehnte *prolubium*, was einem un-
willkürlich in den Sinn kommt, ist indess wohl doch
nicht zu denken.

propter = propterea siehe unten S. 519.

pruina in übertragener Bedeutung Cl. 51, 18 *uide quam paruo
negotio acritatis calor frigentium uerborum pruinas lique-
faciat.*

pugnus bildlich Cl. 204, 24 *grammaticam uti quandam barbaram
barbarismi et solvecismi pugno et calce propelli.*

quadrare ‚ein Quadrat machen, viereckig machen‘ Cl. 112, 7
*secundum eandem quadrandi legem fabricamus et qua-
dratam tabulam et forum quadratum.* Aehnlich nur Colum.
XI, 2, 13 *abies atque populus ad unguem quadrantur* (viereckig zugehauen).

qualibet Nom. Sing. Fem. siehe unten S. 517.

quamlibet = quamuis bei Georges nur aus Minuc. Fel. 37, 9
citirt, ist geradezu eine sprachliche Eigenthümlichkeit
Claudian's, die sich bei ihm vierzehnmal (u. zw. neunmal
mit dem Conjunctiv, fünfmal in verkürzten Sätzen, die
Stellen siehe im Index meiner Ausgabe) findet.

quopiam als Fragepronomen gleich *quo* Cl. 109, 19 *quopiam nunc uideamus euadas*, vgl. oben S. 458.

rate bei Georges &c. eiq. aus Cassiod. hist. eccl. 5, 34 findet sich schon bei Cl. 42, 21 *ex quorum metrico pro portione conuentu, conpactis rate dimensionibus*, wo es jedoch nicht ‚giltig‘, wie bei Cassiodor, sondern wohl so viel als *pro rata parte* bedeutet (vgl. das vorausgehende *pro portione*).

recolere in der Bedeutung ‚sich erinnern‘ hat Paucker, Beiträge zur lateinischen Lexikographie und Wortbildungslehre (Mélanges Gréco-Romains tom. III) S. 667 f. durch zahlreiche Beispiele belegt, darunter findet sich aber keines, wo *recolere* mit dem Genetiv verbunden wäre, wie bei Cl. 68, 1 *anima tota uisorum recolit*, 180, 15 *si bene scriptorum tuorum recolis;* natürlich war die Analogie von *meminisse* und den anderen Verben der Erinnerung hiebei beeinflussend.

redhibere sonst gewöhnlich nur als technischer Ausdruck der Kaufmanns- und Juristensprache gebraucht, ist bei den Galliern geradewegs synonym für *reddere:* Salv. ad eccles. IV, 18 *quod ei etiamsi quae debemus r e d h i b e r e cupiamus, tamen de suo reddimus,* Cl. 175, 3 *quid negas arbitro super his responsa redhibere*, vgl. 179, 8. 189, 11 (stets mit dem Plural *responsa)*, 168, 25 *si super his redhibuimus rationem*, 134, 16 *ne quid segnem me redhibendae uicissitudinis arbitreris*; ebenso bei Sid. ep. III, 1, S. 39, 15 *tibi caelitus iure redhibetur tui facti meritum, alieni incitamentum,* III, 2, S. 41, 3 *gratiae tibi redhibeantur quam fundamenta tam culmina,* vgl. V, 16, S. 89, 3.

reflexio Cl. 175, 2 *quae tortuosae botulorum enodibusque ligaturis explicitae inflexiones ac reflexiones*, wo *inflexiones ac reflexiones* zusammen dem deutschen Ausdruck ‚das Gewinde, die Windungen‘ entspricht.

regula Cl. 174, 21 *dicito quibus modis quoue situ triformitas cerebri coeat, iecoris massa iaceat, regula lienis haereat, stomachi libra pendeat, cordis plectrum feriat.* Hier scheint *regula* mit ‚Scheibe‘ übersetzt werden zu müssen; bei Ulpian dig. 19, 2, 19, §. 2 sind *regulae* die Scheiben zum Oelpressen.

remissibilis in der Bedeutung ,erlässlich' bei Georges aus Tert. de pudic. 2 citirt, hat auch Cl. 198, 9 *ista haec eadem remissibilia sint necne, tute iudicaris.*

renoscere ,wiedererkennen' Paul. Nol. carm. XV, 342 (Georges); in etwas verschiedenem Sinne gebraucht es Cl. 185, 7 *(quae sparsim edissertata quaeque euicta sunt) reuisenda simul renoscendaque congessi* (sonst wird gewöhnlich *recognoscere* so gebraucht, was auch der Codex G hat).

rescriptum nicht bloss ein ,Rescript, Erlass', sondern auch ,Antwortschreiben' Cl. 199, 3 *quod libellos illos nullo unquam inpertiuisti rescripto;* so gebraucht es übrigens auch Alcimus Avitus häufig (s. Peiper's Index).

reuisere entsprechend dem französischen *reuiser*, revidiren Cl. 185, 7 *(quae sparsim edissertata quaeque euicta sunt) sub mentis oculum redegi et reuisendu simul renoscendaque congessi.*

rotunda, ae bei Scrib. 201 extr. ,eine Kugel aus Pflastermasse' (Georges), dagegen bei Claudian für *circulus* gebraucht 92, 20 *cum trigonam uel tribus punctis ac tribus lineis uel rotundam puncto uel linea conformari uideris.*

scienter ,mit Gewissheit wissend' Cl. 53, 3 *cum uero illi non dubitanter, sed scienter, non corporeos, sed corporatos spiritus dixerint.*

sors Cl. 107, 26 *ista haec ipsa duplici sorte proponerem, utrius malles tibi copiam facerem.* Hier scheint *sors* mit ,Wahl, Auswahl' zu übersetzen sein, auf welche Uebersetzung wenigstens der zweite epexegetisch zu dem ersten hinzutretende Satz führt; richtiger wäre in dieser Bedeutung *sortitio* oder *sortitus.*

specialis substantivisch ,der specielle Freund' (Georges) Cl. 199, 15 *cur egomet specialis atque intimus nihil a speciali meo fructi feram.*

sphaeroides bei Georges nur als Adjectiv aus Vitruv VIII, 5, 3 (*s. schema*) aufgeführt, findet sich als Substantiv = ,Sphäroid, die Kugel' (*sphaera*) bei Cl. 67, 11 *mouetur etiam motu septimo, sicut est rotae et sphaeroidis,* 144, 20 *usque ad extima transmundana, qua sphaeroidis globo mundus includitur.*

spuma bildlich Cl. 123, 6 *dum in aures inperitas uerborum puerilium spumas exspuunt*, vgl. Sid. ep. VII. 13, S. 119, 19 *magis eum occupat medulla sensuum, quam spuma uerborum.*

stipulari = adstipulari Cl. 34, 17 *tu uelut stipulante tibi per apostolum ueritate adfici diuinitatem dicis.*

subsistere = esse, consistere Cl. 119, 9 *nihil omnino esse potest, quod non et trifarium subsistat et unum sit* (deshalb ist die Lesart von E² *trifariam* nicht richtig), 119, 12 *omnis anima rationalis tribus indiuiduis, memoria consilio uoluntate subsistit*, 194, 15 *spiritus pecoris, qui non subsistit post corpus.*

superiectus als philosophischer Terminus dem *subiectus* entgegengesetzt Cl. 65, 18 *quibus (formis) indissociabiliter iuncta (anima) siue superiecta subiectis siue subiecta superiectis et membrum tota mouet*, 157, 20 *qui animam corpus esse et eandem superiectam in subiecto corpore contineri credis*, 157, 23 *ipsa in suo superiecta subiecto est.* Man vergleiche indess auch Sid. ep. IV, 15, S. 67, 10 *nec subiectas cautes nec superiectas niues expauescemus.*

suspirare mit dem Dativ construirt Cl. 77, 13 *nec suspirare potest illi patriae* nach der Analogie von *aspirare* 204, 3 *quod non modo ad innouandum quippiam, sed ne ad dediscendum quidem absque te uno disciplinae nobilis ullus adspirat.*

talentum in übertragener Bedeutung Cl. 191, 5 *ex paupertatis inopia dare dragmam ei, qui multa scientiarum abundat talenta.*

taurea, ae Cl. 205, 29 *nullum lectitandis his tempus insumas, quae quasdam resonantium sermunculorum taureas rotant.* Das Pronomen *quae* fehlt in der Handschrift und wurde von mir ergänzt; es frägt sich aber, ob nicht besser *qui* statt *quae* stünde, indem man *his* auf die *scriptores nouitii* bezöge, denen im folgenden die alten Autoren in namentlicher Aufzählung entgegengesetzt werden. Der Ausdruck *taureas rotare* ist hier etwas unklar: bis Jemand etwas besseres vorschlägt, scheint man sich mit der Erklärung zufrieden zu geben müssen, dass *taurea* hier wie öfters ,der Ochsenziemer' heisst und natürlich metaphorisch gebraucht ist. Der Sinn dieser geschraubten Ausdrucks-

weise muss wohl der sein, dass die *resonantes sermunculi*
bildlich mit dem Peitschengeknall in Verbindung gebracht
werden sollen. Oder ist vielleicht zu übersetzen: ‚sie
schwingen die Geissel ihrer hohltönenden Phrasen‘ nach
Salvian. de gub. dei VIII, 22 *improbissimis flagitiosorum
hominum cachinnis et detestantibus ridentium sibilis quasi
taureis caedebatur?*

tenellus in übertragener Bedeutung Cl. 21, 10 *tenellis adhuc
infantiae quondam suae persuasionibus in senectute puerascunt.*

tenor entsprechend der Bedeutung des ital. *tenore* Cl. 135, 9
quoad usque eidem tenore ueritatis adstipulantur.

tepor bildlich Cl. 122, 10 *ut (religio) paene iam credendi labore
submoto tepore fidei scientiae fructum capessat.* Bekanntlich
bezeichnet bei Tac. dial. 21, 6 *tepor* die Lauigkeit, den
Mangel an Feuer in Schriften.

testificari mit dem Dativ Cl. 104, 16 *qui ueritati in praesentiarum testificarentur,* 152, 22 *iam nunc testibus meis ad
indubitatam fidem ueritas ipsa testificabitur.*

tibia ‚die Röhre‘ Cl. 170, 1 *sine alternamento reciproci aeris et
organo pectoris et tibia gutturis et oris cauo et linguae
plectro uerba uocibus effice.*

transuersim nach Georges &.π. εἰϱ. bei Tertull. de bapt. 8
hat Cl. 90, 11 *linea quae transuersim secari potest,* 90, 14
quia latitudo et transuersim et directim recipit sectionem.

trigona, ae Cl. 89, 17 *numquid .. fieri umquam nisi trigona
poterit,* 92, 20 *cum trigonam uel tribus punctis ac tribus
lineis conformari uideris,* dagegen unmittelbar vorher
92, 17 *cum in trigonum uel hexagonum mentis oculum figis.*
Unerkennbar ist der Nominativ 91, 1 *sicut in trigonis et
tetragonis per angulos puncta sunt.*

tropice hat nicht bloss Augustin de gen. ad litt. 4, 9, sondern
auch Cl. 29, 19 *quid prophetico spiritu ueterum quique
sanctorum tropice prophetauerint.*

trutina bildlich Cl. 146, 5 *trutinae iudicii corporum ponderibus
inpositis adpende mundum;* überhaupt findet sich *trutinator,
trutinare* im bildlichen Sinne (beurtheilen, erwägen) bei
den Kirchenschriftstellern nicht selten; *trutina iudicii* hat
auch Sid. ep. VIII, 7, S. 133, 23.

tumor s. oben S. 475.

tumulare Cl. 204, 18 *quorum egomet studiorum quasi quandam mortem flebili uelut epitaphio tumularem:* eine schwulstige Ausdrucksweise!

uentriculus wie *uenter* bloss für ‚Höhlung‘ gebraucht Cic. de nat. deor. II; 138 *ventriculus cordis;* ebenso Cl. 173, 14 *uisus animi intendit sese atque exserit per ista haec puncta pupillarum uaporato cerebri anteriore uentriculo inuisibilibus uiscerum flammis.* Vergleiche 85, 6 *certum est imaginari illum intra quendam uentrem memoriae nequaquam posse nisi ea, quae per corpus accepit.*

uero autem Cl. 145, 25 *uero autem subicitur, quod terrae corpus unum in scripturis dicitur orbis esse terrarum;* vgl. *autem uero* oben S. 488.

uicarius = mutuus, also als Adjectiv zu *in uicem* gebildet Cl. 97, 22 *si tibi in illa sui parte carus est, qua uterque homines estis et qua uosmet uicario amore diligitis* (vgl. 122, 18 *utriusque horum amorem mutuum*).

uigilax ‚aufmerksam, scharf beobachtend‘, wie *uigilans* Cl. 173, 11 *uigilacem uigilantemque simul quaero lectorem;* auch Sid. ep. V, 2, S. 79, 5 hat *uigilax lector* und VIII, 11, S. 141, 15 *in bucolica (materia) uigilax parcus carminabundus (est).*

uulnerabilis ‚verwundend, verletzend‘ Cael. Aur. acut. 3, 17, 171‘ (Georges). Dagegen heisst es ‚verwundbar‘ bei Cl. 32, 14 *quia lux et insensibilis est pariter et uulnerabilis* (vgl. 32, 4 *uulnerari igitur lux potest, etsi sentire non potest*).

Hieran mögen sich einige Notizen über Worte reihen, die aus dem Wörterbuche von Georges als handschriftlich nicht genügend beglaubigt zu eliminiren sind:

ambifarie entfällt, weil Cl. 28, 16 *contrariis congruentibusque pariter obnoxium ambifariae subditur passioni* zu lesen ist, durch welche Stelle nunmehr *ambifarius* nicht bloss eine uox Arnobiana ist.

perpere ist Cl. 21, 7 wohl Lesart des guten Codex M für *perperam,* der aber hier wie an vielen anderen Stellen vom Schreiber selbst ‚corrigirt‘ worden zu sein scheint, da auch an der zweiten Stelle (181, 17) das dem Schreiber

wahrscheinlich unbekannte Wort *perperam* falsch überliefert ist *(perferam)*.

perquiritatus ist Cl. 19, 7 nur Lesart der ersten Pariser
Ausgabe für das sowohl handschriftlich, als durch sein
Vorkommen bei Apuleius und Sidonius beglaubigte *pro-
quiritatus*.

In anderer Weise zu berichtigen sind folgende Angaben
bei Georges:

causari will Georges bei Cl. 181, 3 *horum minus uno uirtus
actionis infringitur, si desit utrumque, causatur* erklären
,durch Vorschützung von Gründen versagen, ablehnen
(absolut)', was mir unverständlich bleibt; doch ist sicher-
lich mit GLS *cassatur* zu schreiben, wie ich auch bereits
edirt habe.

ceruicula bedeutet bei Cl. 142, 5 *fas est multimodo ueritatis
gladio falsiloqui ceruiculam salubri concisione concipilari*
nicht, wie Georges will, ,Selbstüberhebung', sondern hat
seine natürliche Bedeutung, wie das Wort *concipilari* am
besten beweist (eine ähnliche Ausdrucksweise findet sich
bei Sidon. ep. IV, 22, S. 73, 22 *cui datum est saltibus
gloriae proterere posse ceruices uituperonum seu supercur-
rere*). Auch bei Augustin. serm. 298, 4 *quid est, apostole
Paule? quasi extulisti te, quasi de aliqua ceruicula uidetur
dictum: ,plus omnibus illis laboraui'* möchte ich das Wort
nicht mit ,Selbstüberhebung', sondern mit ,Stolz' übersetzen (der den Nacken, Kopf hoch trägt), womit man
die Worte in Cap. 5 desselben Sermo vergleiche: *sed etiam
hic non extollatur ceruix tua, quia dona ipsius sunt
merita tua.*

inexterminabilis gebraucht nicht Claudian selbst (138, 17),
sondern ist Citat aus Sap. 2, 23 (vgl. Rönsch, Itala und
Vulgata S. 111).

intransmeabilis ist nicht ἅπαξ εἰρημένον bei Cl. 170, 16 *in-
menso quodam intransmeabili ab inuicem disparati sint,*
sondern steht auch 171, 10 *intransmeabile dicitur chaos*
und findet sich ausserdem bei Jordanes 54, 16. 66, 11
Mommsen. Vergleiche ausserdem Paucker, de latinitate
B. Hieronymi S. 160.

7 .

l i b r a m e n soll nach Georges Cl. 183, 10 *nisi duplicis crea-
turam substantiae, quoad homini posse fas sinit, adhibito
iudicii libramine secernas* (in übertragener Bedeutung) ‚der
Schwung, die Schwungkraft' heissen. Man vergleiche
indess folgende Stellen: Cl. 189, 13 *adhibeto iustitiae libram*, 146, 5 und Sid. VIII. 7. S. 133, 23 *trutina iudicii*,
Ennod. 359, 9 *iudicii libra*, 28, 8. 34, 1. 75, 16 *lanx iudicii*
und man wird nicht zweifeln können, dass auch obiges
libramen gleich *libra* gebraucht sei. Die Vorliebe Claudians
für die Ausgänge auf *-men* und *-mentum* erklärt die sonst
auffällige Erscheinung hinlänglich. Eben deshalb gebrauchte ja auch Claudian *acumen* für *acies*, wie wir
oben sahen.

p o n d e r a b i l i s liest man nicht nur bei Cl. 112, 15 *numerabilia
sunt et mensurabilia*, sondern auch 114, 1. 119, 10. 194,
6 (stets in Verbindung mit jenen zwei anderen Adjectiven),
ebenso bei Prudent. u. A. (vgl. Paucker, Spicilegium addendorum lexicis latinis S. 122).

Endlich fehlen bei Georges noch folgende Worte, die sich
indess nicht bloss aus Claudian belegen lassen, sondern sich
auch sonst noch finden.

a d p l e n e Adverb (vgl. das franz. *à plein*) Cl. 80, 12 *quod tunc
adplene non erit*, 120, 6 *tantum in his moratus sum, quantum
prudentibus satis arbitror, quo adplene cognoscant*, wo man
keineswegs *quoad plene* zu ediren braucht. Du Cange citirt
aus der Vita S. Leodegarii: *adplene in omnibus disciplinis
politus*. Die Bildung *adplene* ist übrigens ganz naturgemäss, da ein verstärktes (componirtes) *plenus* wegen
semiplenus (*semiplene* Sid. ep. IV, 22, S. 73, 15) angezeigt
geschienen haben mag. Dass zu dieser Verstärkung
gerade die Präposition *ad* gewählt wurde, mag das analoge *adprime* verschuldet haben. Uebrigens mag auch die
Wendung *ad plenum* = ‚vollständig' (Auson. perioch. Odyss.
22. Eutrop. 8, 19. Donat. Terent. Andr. II 6, 16. Salvian
de gub. dei VII, 17 *cogitat forte aliquis non ita ad plenum esse ut loquor*) den Anlass gegeben haben, ein ver-
meintlich dazugehöriges *adplene* nach der Analogie von
adprime zu bilden. Wenigstens lässt sich bis jetzt das

Adjectiv *adplenus* nicht nachweisen (dagegen *adprimus*
bei Gell. 6 [7], 7, 11).

dispuere ist in sämmtlichen Handschriften überliefert Cl.
135, 15 *terrae dispuens* (dagegen 203, 16 *animi cultum despuens*
in dem Briefe, der freilich nur in einer Handschrift überliefert ist) und dürfte vielleicht noch hie und da für
despuere zu restituiren sein.. Ueber das Schwanken der
Handschriften zwischen *dispuere* und *despuere* vgl. Hildebrand zu Apul. apol. 44.

eotenus siehe unten S. 520.

hidem siehe unten S. 518.

posthinc siehe unten S. 522.

prolapsus, us Cl. 32, 16 *alti prolapsus erroris* (vgl. die Praefatio meiner Ausgabe S. XLV). Verschiedene Belegstellen
aus anderen Kirchenschriftstellern giebt Paucker, spicilegium addendorum lexicis latinis S. 133 und De latinitate
Hieronymi S. 25.

III. Kritische und exegetische Bemerkungen.

In diesem Abschnitte sollen in zwangloser Reihenfolge
grammatisch-lexikalische Fragen behandelt werden, die entweder nur für Claudian in Betracht kommen oder doch von
dessen Sprachgebrauch direct oder indirect ihren Ausgangs-
punkt nehmen.

1. *Accidere* und *accedere*, Perfect *accessi*.

Eine lehrreiche Stelle für die (an gewisse Bedingungen
gebundene) Verwechslung von *accidere* und *accedere* ist Claud.
Mam. 28, 9—22: *quod autem philosophorum testimonio miseri-
cordiam atque iustitiam et istius modi bona adfectiones passibilis
dicit esse creaturae easdemque in deo essentialiter, non accessibiliter, haud intendit animo sibi semet aduersa proferre, quia
adfectio accessio est. non autem aliquid deo accidit: igitur
adfectioni non subiacet. nam quidquid adficitur contrariis congruentibusque pariter obnoxium ambifariae subditur passioni. quocirca si summa diuinitas sensit conpatientis adfectu, etiam malae
passionis subiacet stimulo. sensit dicis: utique sentire accidens*

eius est, qui ante non sensit. aeternitati autem, quia passionem Christi sempiterne sciuit, utpote quam ipsa disposuit, passionis tempore noui nihil, quod nosset, ne dicam quod sentiret, accessit. Hier ist *accessibiliter* Adverb zu *accidens* (ebenso 27, 13 und 35, 2, wo es als Gegensatz zu *substantialiter* steht), sowie *accessio* für *accidentia* steht (vom Schriftsteller diesem vermuthlich wegen des gleichen Ausganges mit *adfectio* vorgezogen). Z. 14 haben *accidit* nur die besten Handschriften *CG M (accedit* die übrigen), es ist jedoch ebenso richtig, als Z. 18 *accidens (accedens* codd. dett.*).* Endlich *accessit* ist offenbar Perfect zu *accidit.* Wenn man die weiteren Stellen bei Claudian durchmustert, so kann man bemerken, dass die Handschriften eine besondere Vorliebe für den *E*-Laut im Präsens des Wortes bezeugen: nur gerade die besten bieten die richtige Form mit *i*, vgl. ausser der obigen Stelle 49, 5 *aer quibuslibet nasculis includi . . potest, cum hoc prorsus igni non accidat (E² G M, accedat* rell.*),* 54, 17 *cui quamlibet illud accidat (C G M, accedat* rell.*), quod scriptura testatur,* 52, 20 *quod eo tibi accidit, quia . . posuisti* (nicht Perfect, *accedit A B D E F P R*), 63, 21 *quod idcirco illi accidit, quia partibus constat (accedit A B C H*). Ferner kommt *accidere* noch an mehreren Stellen im Epilogus ohne Variante vor, da jener nur durch die einzige Leipziger Handschrift *M* überliefert ist: 191, 6 *hinc accidit quod,* 193, 18 *corpus substantia est, non accidens. accidentia autem in substantia sunt, non substantiae, accidit ergo corpori quantitas et qualitas,* 194, 20 *accidunt animo disciplinae, accidit iustitia.* Endlich steht *accidens* 86, 7 und zwar in allen Handschriften, sowie 26, 19 *res accidentes* in dem Citate aus Faustus, der aber selbst *accedentes* schrieb, wenn anders man der einzigen Handschrift saec. IX Glauben schenken darf. Das Substantiv *accidentia, ae* findet sich 27, 6. 86, 11; 27, 3. 4. 5. 29, 22, an den letzten vier Stellen im Plural.

Betrachten wir nun die Stellen, an welchen bei Claudianus Mamertus *accedere* vorkommt, so ist zu erwähnen, dass der Schriftsteller das Verb gewöhnlich mit *ad cum acc.:* 22, 6 *accedit ad hoc liuoris intentio (accidit M),* 95, 2 *(uerbum) sic ad illum, cui loqueris, accedit, quod a te utique non recedit,* 155, 23 *ad hunc locum non rudis accedet,* vgl. 113, 7. 154, 13. 204, 14, oder mit dem blossen Accusativ verbindet: 24, 14 *accessi reli-*

quum lectionis, 180, 5 *animus non accedit inferna*, vgl. 119, 5.
170, 11; nur einmal findet es sich mit dem Dativ 96, 25 *accede
formatrici formae*, denn 73, 17 ist *nec localiter abscedere a corpore .. nec localiter corpus accedere* zu lesen. Eine Stelle bleibt
noch zu besprechen übrig 75, 20: *corpori adimitur serviendi
possibilitas et animo dominandi accidit difficultas;* hier würde
accedit als Gegensatz zu *adimitur* dem Sinne nach wohl passen,
da jedoch auch der dabei stehende Dativ uns dagegen ein-
nehmen muss, so werden die besten Handschriften (C G M)
wohl richtig *accidit* bieten.

Um nun aus diesen Stellen, die nach der besten Ueberlieferung angeführt sind, das Facit zu ziehen, so darf man
nicht kurzweg sagen, dass Claudianus *accidere* und *accedere*
promiscue gebrauchte, sowie Hartel dies für Ennodius nachwies
(vgl. Wiener Studien II, 228 f.), sondern es ist nur zuzugeben,
dass das Perfect zu *accidere* mit dem von *accedere* zusammen-
fiel. Es ist auch nicht abzusehen, warum die schon durch ihre
Betonung hinlänglich scharf getrennten Verba in ihren präsentischen Formen hätten ohneweiteres verwechselt werden sollen:
sehr leicht aber erklärt es sich, dass das Perfect *accidit* wegen
seines Gleichklanges mit dem Präsens frühzeitig unterging oder
doch nur spärlich verwendet wurde und durch *accessit* (davon
abgeleitet *accessio* und *accessibiliter*) umso eher ersetzt werden
konnte, als sich ja thatsächlich beide Worte in ihrer Bedeutung nicht selten berühren.

Wie hält es nun in dieser Sache Claudians Zeitgenosse
und Landsmann Sidonius? Hier zeigen die von Lütjohann
benützten Handschriften eine ganz merkwürdige Uebereinstim-
mung in Ueberlieferung dieser oder jener Form, so dass wir
bei Sidonius noch viel weniger als bei Claudian über die Schreibweise des Autors selbst in Zweifel kommen können. Wie schon
an und für sich zu vermuthen ist, dass beide Schriftsteller in
Anwendung der beiden in Frage stehenden Worte sich gleichen,
so wird die Vorführung sämmtlicher hiehergehöriger Stellen
des Sidonius diese Vermuthung vollkommen bestätigen.

Dass das Perfect *accessit* mit *accidit* ganz gleichbedeutend
war, zeigt zur Evidenz folgendes interessante Beispiel aus
Sidonius epist. VII, 1, S. 104, 17 *quae omnia sciens populus
iste Viennensibus tuis et accidisse prius et non accessisse*

posterius, wo beide Perfecte nebeneinander in gleichem Sinne verwendet werden. Weiters zeigt epist. VIII, 3, S. 128, 23 *fors fuat an philosophi uitae scriptor aequalis maiorum temporibus accesserit, certe par saeculo meo per te lector obuenit,* dass auch hier *accesserit* wegen des Gegensatzes *obuenit* einem *acciderit* gleichsteht. Nicht anders kann auch VIII, 6, S. 130, 15 *quod mihi quoque similiter accessit* gedeutet werden.

Wie wir schon aus dem ersten Beispiele ersahen, dass das Perfect *accidit* sich neben *accessit* noch behauptete, so beweisen dies noch folgende Fälle: epist. I, 11, S. 16, 25 *accidit casu, ut Catullinus illo ueniret,* IV, 6, S. 58, 8 *si quid secus uiantibus accidisset,* VII, 2, S. 105, 25 *forte accidit, ut deuersorio quaedam femina uicinaretur.* Das Präsens von *accidere* steht epist. IX, 14, S. 166, 9 *si accidat (accedat M¹), ut nec intra unum conclaue decumbant.*

Dagegen wo vom Präsensstamm gebildete Formen von *accedere* sich bei Sidonius finden, haben sie regelmässig die Bedeutung des Compositums von *cedere,* nie die von *accidere.* Hieher gehören folgende Stellen: epist. I, 7, S. 10, 3 *cumulus accedit laudibus imperatoris,* III, 12, S. 48, 8 *quasi nil tibi quoque laudis aut gloriae accedat,* V, 16, S. 88, 23 *Ecdicio honor patricius accedit,* VII, 5, S. 108, 9 *his accedit quod .. fecerunt,* VII, 10, S. 117, 27 *cui, precor, quod in uobis opis est intuitu paginae praesentis accedat,* VII, 14, S. 122, 14 *ut aliqua de te recens mihi laetitia potius quam sententia accedat,* III, 5, S. 43, 17 *satis abundeque sufficeret fides uestra commodis suis, etsi nullus intercessor accederet.* Ausserdem finden sich folgende Perfectformen zu *accedere:* VIII, 14, S. 145, 27 *quae loquor falsa censete, nisi professioni meae competens adstipulator accesserit,* IV, 1, S. 52, 7 *secundus nobis animorum nexus accessit de studiorum parilitate,* IV, 16, S. 67, 22 *quod tuo accessit usui, decessit hoc nostrae proprietati.* An sämmtlichen dieser Stellen lässt sich *accedere* zwanglos als Compositum von *cedere* auffassen, ohne dass man eine Verwechslung mit *accidere* annehmen müsste; besonders lehrreich ist hiefür das letzterwähnte Beispiel wegen des Gegensatzes *decessit.* Der Vollständigkeit halber führe ich noch die übrigen Stellen, an denen sich *accedere* bei Sidonius findet, vor, obwohl an diesen über die Bedeutung des Wortes kein Zweifel aufkommen kann: VI, 7, S. 99, 1 *ego ad apostolatus tui noti-*

tiam pleniorem accedo, VII, 17, S. 124, 8 *exigit te rogari, ut tuo ipse sub magisterio monasterii magister accedat,* II, 10, S. 33, 16 *quae (ecclesia) studio papae Patientis summum coepti operis accessit,* III, 3, S. 42, 12 *eo condicionis accesseras,* V, 3, S. 80, 1, VI, 1, S. 95, 15, VI, 4, S. 97, 18.

Wir sehen somit, dass die von uns bei Claudian gemachte Beobachtung auch für Sidonius ihre Giltigkeit behält: die präsentischen Formen von *accedere* und *accidere* werden nicht verwechselt, wohl aber werden die Perfecta *accessit* und *accidit* promiscue gebraucht; dass in dem gegenseitigen Kampfe dieser beiden Formen bereits *accessit* die Oberhand erlangt hatte, beweist der Umstand, dass sich *accidit* nur mehr in den typischen Wendungen *forte accidit, casu accidit, secus accidit* bei Sidonius und bei Claudian — möglicherweise nur aus Zufall — gar nicht findet.

Für mich ist es höchst wahrscheinlich, dass auch für Ennodius dasselbe Gesetz zu gelten habe. Während nämlich *accessit* für *accidit,* welche Form nach Vogel (s. den Index seiner Ausgabe) Ennodius nirgends hat, in Hartel's Index durch eine ganze Reihe von Stellen belegt ist, werden nur zwei Stellen beigebracht, wo jene Verwechslung in präsentischen Formen stattfand: 137, 22 *quia diuina gradibus* (= *gradatim) semper accedunt et quibus bona conferunt meliora pollicentur,* carm. I, 7, 32 *accedunt culpis munera uestra meis;* dazu kommt noch das in obiger Abhandlung von Hartel citirte Beispiel 144, 22 *hinc caelestis cura nepti meae procum iussit accedere.* Wenn man sich vergegenwärtigt, wie sich *accidere* und *accedere* in ihrer Bedeutung oft enge berühren, so sind diese Beispiele nicht mehr auffällig, als die ciceronianische Phrase *alicui animus accedit:* im ersten Falle zeigt schon *gradibus* = *gradatim* an, dass *accedere* mit Bedacht gesetzt ist, und an den beiden übrigen Stellen lässt sich *accedere* ohne Zwang als Gegentheil von *discedere* auffassen. Allerdings wird man zugeben dürfen, dass die Bedeutungsdifferenz von *accidere* und *accedere* bei Claudian noch eine grössere ist, als bei Ennodius.

Das reelle Ergebniss dieser Auseinandersetzung kann demnach nur folgendes sein: Wenn die Handschriften zu späteren Schriftstellern zwischen *accidere* und *accedere* in den vom Präsens abgeleiteten Formen schwanken,

so wird man das letztere nur dann aufnehmen, wenn
es besser beglaubigt ist und sich halbwegs zwanglos
als Compositum des Verbums *cedere* auffassen lässt;
unmittelbar statt *accidere* darf es ausser als Perfect-
form nicht zugelassen werden.

2. *Flagrare, fraglare, fragrare.*

Ueber *fraglare* für *flagrare* und *fragrare* ist schon öfters
gehandelt worden, ohne dass man dabei zu einem endgiltigen
Resultate gelangt wäre. Wir wollen vorerst von allen diesen
Untersuchungen absehen und die Frage nur für Claudian erörtern. Das fragliche Wort findet sich bei ihm an folgenden
Stellen: 43, 23 *perpetuo odoraremur, si fraglaret (EFH²L*
MS², flagraret rell.*) olfactus;* 76, 21 *inlocaliter illi fraglat*
(DEFM, flagrat rell.*) aequitas, foetet iniquitas;* 205, 13 *thyma*
fraglantia (E, in welcher Handschrift allein der diese Worte
enthaltende Brief Claudians erhalten ist). Hiezu kommen
46, 17 *gustu fraglantia (DEFH²MS, flagrantia* rell.*) non*
accipitur; 68, 11 *per exiguum narium membrum sentit tota fra-*
glantias (DEF²MS², flagrantias rell.*);* 76, 17 *(num illic) euane-*
scentis fraglantiae (DEFMS², flagrantiae rell.*) suauitas halat.*
An allen diesen Stellen steht *fraglare (fraglantia)* für das sonst
gebräuchliche *fragrare (fragrantia),* stets bewahrt von *E* und
M und meistens von *DFS² (H²L).* Auch der anderen Handschriften Vorlagen haben sicher dieselbe Lesart gehabt, da ihr
flagrare (flagrantia) sich aus der irrthümlichen Metathese der
Liquiden — zumal da *flagrare* den Schreibern geläufiger gewesen zu sein scheint als *fraglare,* denn sonst hätten sie auch
fraglare hie und da für *flagrare* geschrieben, was aber nirgends
bei Claudian der Fall ist — von selbst erklärt. Demnach
kann man behaupten, dass die handschriftliche Ueberlieferung
einstimmig für *fraglare* (nicht *fragrare*) spricht, weshalb ich
dies auch stets in den Text aufnahm gegenüber den früheren
Herausgebern, die *fragrare* edirten. Dagegen lässt sich *fra-*
glare für *flagrare* aus den Handschriften Claudians nicht belegen, sondern ist in der Bedeutung ‚brennen‘ stets *flagrare*
überliefert, vgl. 56, 18. 87, 6. 101, 6. 120, 23.
    Hieraus ergibt sich für Claudianus die Schlussfolgerung,
dass *fraglare* bei ihm stets nur für *fragrare* gebraucht ist,

und da letztere Form bei ihm nie vorkommt, so dürfte die
Behauptung nicht zu gewagt sein, dass man zu seiner Zeit
(zum mindesten in Gallien) für *fragrare fraglare* sprach und
schrieb. Offenbar ist auch bei Sid. VIII, 14, S. 146, 10 *caritatis castitatisque flagrantissimum incensum turibulis cordis ado-
letis* (so die Handschriften) nicht mit den Herausgebern, denen
sich Lütjohann angeschlossen hat, *fragrantissimum* zu schreiben,
sondern *fraglantissimum*, obwohl sich auch das handschriftliche
flagrantissimum sehr gut in der Bedeutung ‚hellloderndʻ halten
lässt, da ja *incensum* hier nur ‚Opferʻ, nicht ‚Weihrauchʻ bedeuten kann (vgl. den Gegensatz *nihil, ut audio, offertis ignis
alieni*); man vergleiche zu dem Gedanken Claudian 56, 18
f l a g r a n t i a   c a s t a e   c a r i t a t i s und 87, 6 *caelesti c a r i t a t e
f l u g r a r e.*

Im Anschlusse an diese Auseinandersetzung sei es gestattet, die bekannte Noniusstelle (438, 17 *M*), über die zuletzt
J. M. Stowasser in dem Freistädter Gymnasialprogramm von
1883/84, S. 14 gehandelt hat, zu besprechen. Stowasser schreibt:
‚Cod. Harl.: *flagrare [fraglare* man. *2] et ignescere ita discernitur, quod ignescere incendi et ardere, flagrare [fraglare* man. *2]
uero olere.* Auch diese Stelle ist noch nicht recht plausibel
emendirt. Dass Nonius zwischen *fragrare* und *flagrare* unterscheiden will, sahen alle Herausgeber ein, ebenso auch, dass
das erste *ignescere* ein ungeschicktes Glossem ist. Hat man
dies aber erkannt, dann wird keine andere Lesart möglich
sein als: *flagrare et fragrare ita discernitur, quod ignescere,
incendi et ardere flagrare ⟨est, fragrare⟩ uero olere.* Dies
scheint mir die leichteste Lösung der Schwierigkeit.ʻ Obige
Stelle ist ein evidenter Beweis, dass für Nonius dasselbe Gesetz galt, welches wir oben für Claudian bindend erkannten.
Jedenfalls hat man für *fragrare* zu schreiben *fraglare*, denn
nur in dieser Form war eine Verwechslung mit *flagrare* —
eine solche hat ja die Stelle des Nonius zur Voraussetzung —
möglich. Der Sinn der Glosse selbst ist klar: ‚*flagrare* heisst
brennen, *fraglare* riechenʻ. Nimmt man die Lesart der zweiten
Hand des Harleianus in den Text auf, so gibt die Glosse einen
vollständigen Sinn: *fraglare et ignescere ita discernitur, quod
ignescere incendi et ardere ⟨e⟩, fraglare uero olere.* Jedoch ist
es nicht wahrscheinlich, dass das Wort *flagrare* als causa

mouens für die Verwechslung der Bedeutung von *fraglare* mit der von Verben, die 'brennen' bedeuten, gefehlt habe. Um es kurz zu sagen: *ignescere* ist an beiden Stellen Glossem (dies erkannte schon Mercier richtig) und dafür *flagrare* zu schreiben, so dass also nach meiner Ansicht die Stelle lauten muss: *fraglare et flagrare ita discernitur, quod flagrare incendi et ardere ⟨est⟩, fraglare uero olere.* Dass die Schreiber an der Stelle durch Vertauschung der Liquiden eine arge Verwirrung angerichtet haben werden, lässt sich aus dem ähnlichen Verhalten der Claudianhandschriften leicht erschliessen. Der Ignorant, dem wir die beiden *ignescere* verdanken, las wahrscheinlich an unserer Stelle nur (viermal) *flagrare* und setzte zweimal dafür das Synonymum *ignescere*.

Ganz dasselbe lehrt die Appendix Probi IV, S. 201, 19 K: *inter fragrat et flagrat hoc interest, quod fragrat odorem significat, flagrat uero splendorem demonstrat.* So edirt Keil nach dem Cod. Montepessulanus 306, saec. IX; jedoch scheint mit Zuhilfenahme der Lesarten des älteren Cod. Bobiensis (jetzt Vindobonensis 17) saec. VIII/IX vielmehr zu schreiben sein: *inter flagrat et fraglat* (so Bob.) *hoc interest, quod fraglat* (so Bob.) *odorem significat, flagrat uero splendorem demonstrat.* Es ist einleuchtend, dass der Cod. Montepess. hier der Corruptel *fragrat* für *flagrat* zu Liebe ganz durchcorrigirt ist, während der Bobiensis nur jene einzige, wohl aus dem Archetyp stammende Corruptel aufweist.

Ueber *fraglare, flagrare* und *fragrare* haben O. Ribbeck in Fleckeisen's Jahrb. Bd. 77, S. 191, Lucian Müller, ebendaselbst Bd. 93, S. 386 f., Schuchardt, Vocalismus des Vulgärlateins I, 139 und III, 71, Ellis in den Excursen zu seiner Catullausgabe[2], S. 346—350 und Bücheler in Fleckeisen's Jahrb. Bd. 105, S. 111 gehandelt. Schuchardt spricht sich eher gegen *fraglare* aus: 'Unter allen diesen Schreibungen die umgekehrten abzusondern, ist unmöglich. Das meiste war gewiss blos dialectisch.' L. Müller a. a. O. S. 387 kommt zu dem Resultate: 'Es mag also wirklich die römische Plebs wie *lapidicina* oder wie *displicina* auch *fraglo* für *flagro* gesagt haben, resp. *fraglo* für *fragro* wie *penes* für *pedes*.' Ellis dagegen, der über unseren Gegenstand am ausführlichsten gehandelt hat, will *fragrare* gar nicht gelten lassen (derselben

Ansicht neigte sich schon O. Ribbeck a. a. O. zu) und meint, dass *flagrare* ursprünglich sowohl für *ardere* als auch für *olere* gebraucht worden und vielleicht erst nach Catull für *olere* die Form *fraglare* aufgekommen sei. Den richtigsten Standpunkt scheint mir Bücheler einzunehmen, der als ursprüngliches Wort der classischen Zeit für ‚duften‘ nur *fragrare* anerkennt. Hieraus wurde *fraglare*, das seit dem 4. Jahrhundert allgemeinen Eingang gefunden hatte, wie die Glossarien zeigen; andererseits wurde ‚durch Wandlung des ersten *r* *flagrare*, zwar selten und nie eingebürgert, aber offenbar vorhanden, als Nonius, Servius, der sog. Probus Trennung von ‚brennen‘ und ‚duften‘ einzuschärfen für nöthig hielten. Dass diese Formen auch in älterer Literatur sich fanden, ist nach des Nonius' Worten *in plurimis innenitur ista discretio* allerdings möglich, aber nicht gewiss, von *fraglare* ungleich wahrscheinlicher, als von *flagrare*. Als aber in der Form *flagrare* die Begriffe ‚brennen‘ und ‚duften‘ zusammengefallen waren, durch die stäte Neigung der Liquidae zur Umstellung, ward auch *flagrare* ‚brennen‘ häufig in *fraglare*, vereinzelt in *fragrare* entstellt‘.

Diese Aufstellungen Bücheler's sind gewiss vollgiltig richtig: offen bleibt nur theilweise noch die Frage, inwieweit man diese Theorie practisch verwerthen könne. Thatsache ist, dass jedenfalls *flagrare* in der classischen Zeit nur ‚brennen‘ bedeutet. *Fraglare* für *fragrare* hält Bücheler in der classischen Literatur nur für ‚möglich‘, meines Erachtens aber ist die Ueberlieferung der beiden Vergilstellen Georg. IV, 169 und Aen. I, 436 *fraglantia mella* beweisend; warum sollen die beiden *r* in den benachbarten Silben nicht schon zu Vergil's Zeit für das Ohr der Römer einen unangenehmen Klang gehabt haben? Wo von Vergil an *flagrare* für ‚duften‘ überliefert ist, wird man nur berechtigt sein *fraglare*, nicht *fragrare* herzustellen; damit soll natürlich nicht geleugnet werden, dass *fragrare* nicht auch sich nach Vergil noch kürzer oder länger behauptete. Es ist also unrichtig, wenn z. B. Bährens, panegyrici latini im Panegyricus des Claudius Mamertinus (saec. IV!), S. 94, 23 *fragrantibus et sacrificis odoribus accensis* für das überlieferte *flagrantibus* schreibt; natürlich ist *fraglantibus* zu ediren. *Flagrare* in der Bedeutung ‚duften‘ mag irrthümlich im

Vulgärlatein gebraucht worden sein statt *fraglare,* wird aber in den Schriftwerken wohl nirgends zu dulden sein, am wenigsten bei einem Dichter aus der Zeit der Republik, wie Catull, dem Ellis S. 346 diese Form aufmutzen will. Ich zweifle auch sehr, ob Sedulius carm. IV, 71 *unguento flagrante* und op. Pasch. 177, 19 Huemer *diuinae legis spiramenta flagrantis odorem gratiae suauitatis hauriatis* geschrieben hat. Bei Venantius Fortunatus ist I, 18, 4. VII, 12, 38. XI, 11, 6 *fragrat* von Leo in den Text gesetzt, während die Handschriften *flagrat* haben; es ist jedoch *fraglat* zu schreiben, wie II, 4, 28 *fraglant,* was hier auch die Handschriften bewahrt haben. Für Sidonius scheint es durch das einstimmige Zeugniss der Handschriften festzustehen, dass er wie Claudian für ,brennen' stets *flagrare* gebrauchte (vgl. carm. V, 76. 139. VII, 200. 406), und wenn unsere Codices carm. IX, 324 *flagrant* in der Bedeutung von ,duften' bieten, so ist es klar, dass *fraglant* und nicht mit Lütjohann *fragrant* zu schreiben ist. Nur carm. II, 413 hat der minderwertige Cod. Paris. 9551 saec. XIII *(F) fragrat,* die anderen *flagrat (M* fehlt) natürlich für *fraglat,* woraus sich ergibt, dass für Sidonius die gleiche Observation gilt, die wir oben bei Claudian machten.

Schwieriger ist die Frage zu beantworten, wieweit *fraglare* = ,brennen' literaturfähig war. Gesichert scheint dies für die afrikanischen Schriftsteller zu sein, so für Fronto, der p. 5 *N fraglantes litteras mittis,* p. 27 *desiderio fraglantissimo,* p. 34 *merito fraglo,* p. 56 *epistulas tam fraglanter compositas,* freilich auch p. 79 *ignem flagrantissimum,* p. 97 *tanto flagrantius amauit* schreibt (s. Ellis, S. 347). Auch Apuleius hat nach dem Laurentianus 69, 2 *fraglare* Met. III, 19, S. 50, 16 *fraglantibus papillis,* IV, 17, S. 66, 25 *fraglantia solis,* IV, 31 S. 75, 22 *amore fraglantissimo,* V, 9, S. 83, 21 *inuidiae felle fraglantes,* V, 23, S. 92, 2 *cupidine fraglans Cupidinis,* VI, 12, S. 104, 20 *de solis fraglantia,* dagegen IV, 14, S. 65, 3 *aestiua flagrantia,* VI, 32, S. 116, 31 *ignis flagrantiam,* VIII, 22, S. 148, 4 *mulieris flagrabat cupidine,* X, 2, S. 183, 6 *sine corporis calore flagrantem.* Weiter steht *fraglare* in der Bedeutung ,riechen' Met. II, 8, S. 23, 5 *cinnama fraglans,* IV, 2 *quos (caliculos) equidem fraglantes .. rosas laureas appellant,* dagegen *flagrare* VI, 11, S. 103, 26 *flagrans balsama Venus.* Dass man

hier nicht consequent der Handschrift folgen kann, ist einleuchtend: da indess an der Mehrzahl der Stellen *fraglare*
überliefert ist (sowohl für ,brennen' als ,riechen') und die
Sache sich auch bei Fronto ähnlich verhält, so glaube ich
mich zu dem Schlusse berechtigt, dass die Afrikaner Fronto
und Apuleius die Form *fraglare* allein sowohl für classisches
fragrare als *flagrare* gebrauchten. Zu untersuchen, inwieweit
dies auch für die übrigen Afrikaner gilt und ob auch für
Schriftsteller anderer Nationalität, ist von mir nicht beab-
sichtigt.

Doch darüber wird erst dann endgiltig entschieden werden
können, wenn einmal eine vollständige auf die Ueberlieferung
hin geprüfte Beispielsammlung vorliegen wird. Uebrigens
dürfen wir darüber, wie ich erfahre, bald von berufenster
Seite eingehendere Belehrung erwarten. Jedenfalls wird man
bei dieser Untersuchung trachten müssen, nicht in Ellis' Fehler
zu verfallen, auf den schon Bücheler a. a. O. S. 111 nach-
drücklich hingewiesen hat: man dürfe die handschriftliche
Ueberlieferung hier nicht als die einzige oder doch massgebende
Norm betrachten und den Unterschied zwischen Literatur- und
Schriftsprache und dem sermo plebeius nicht zu leicht nehmen.

3. Verschiedene Pronominalformen der späteren Latinität.

Dass die spätere Latinität zahlreiche neue Pronominal-
formen, die sich auf den ersten Blick als Analogiebildungen
zu Worten des classischen Sprachschatzes erkennen lassen,
schuf, ist eine Thatsache, die sich durch einige neue Beispiele
aus Claudian belegen lässt. Bekannt, obwohl bei Georges
fehlend, ist die Form *eiuscemodi*, die Neue (Formenlehre II² 198)
durch eine ganze Reihe von Stellen belegt, denen man z. B.
Hieronym. epist. 82, 6 *cum et ipse nonnullos eiuscemodi clericos
habeat* (vgl. Paucker, de latinitate Hieronymi, S. 80) hinzu-
fügen kann. Ferner findet sich die Form *qualibet* bei Claudian
110, 13 *quarum item pars qualibet partium corporis*, doch daneben
114, 9 *qualebet terrae pars*. Zu *aliquispiam* (und *aliquisquam*)
merkt Georges an: ,überall falsche Lesart, s. Madvig opusc. ac.
vol. I, pag. 465. Kreyssig, annotationes ad Titi Liuii libros
41—45, pag. 21 flg.' Jedoch ist *aliquorumpiam* gesichert bei

Claud. Mam. 176, 6 *sed en aliquorumpiam qui interimunt animas garrientibus nugis etsi non sistimur ab itinere, lentamur tamen*, wo die einstimmige Ueberlieferung jeder Correctur Trotz bietet (Barth schrieb *aliorumpiam*). Auch *hic* findet sich bei Claudian mit -*piam* componirt vor in der Form *harumpiam* 142, 3 *quamquam nonnullis locorum sicubi conduxit harumpiam scripturarum testimoniis usus sim*, wo das gewöhnlich dafür gelesene *quarumpiam* nur Correctur der zweiten Pariser Ausgabe ist. Dasselbe Pronomen *hic* verband Claudian auch mit -*dem* 137, 5: *inter has huiusdemque modi quisquilias aliquid tu sobrium tuto dixerisne?* (*eiusdemque* 2. Pariser Ausgabe); 47, 17 (*anima*) *ex hisdem (ACGM,* isdem *BEFHR,* eisdem *DLS) contracta principiis quibus corpus extrarium;* 65. 22 *aeternis illis hisdemque (M,* isdemque *ABCGHLRS,* eisdemque *DEF) semper formis intenta;* 83, 1 *corporeos deserit sensus ab hisdemque (ACGHMRS,* isdemque *BL,* eisdemque *DEF) inlocaliter abscedit;* 159, 11 *loca quaelibet adeuntem in hisdemque* (alle Handschriften, *his denique R*) *locis inlocaliter agentem.* Gerade die Form *hisdem* bieten die Handschriften zu den besten Autoren nicht selten, vgl. Neue II, 200, wo aus Cicero- und Sallust-Handschriften zahlreiche Belege angeführt werden. Hier ist indess der *H*-Laut so wenig auffällig, wie in den zahllosen anderen Fällen, wo vocalisch anlautenden Worten die Aspirata vorgesetzt wurde: *h* ist also hier nicht integrirender Bestandtheil (des Pronomens *hic*), sondern wurde nur in der Aussprache des Volkes bei *isdem (eisdem, iisdem)* gehört. Während wir demnach in den Texten der classischen Zeit ein von *hidem* gebildetes *hisdem* nicht dulden können, so muss doch zu Claudians Zeiten das vollständige Pronomen *hidem* in der Schriftsprache existirt haben, da das obige *huiusdemque* allein dies ausser allen Zweifel setzt, um von den vier Beispielen für *hisdem* zu schweigen, deren letztes die Autorität sämmtlicher Handschriften für sich hat. Mit Recht hat Petschenig Vict. Vit. 3, 41 *ipsiusdem urbis* edirt, während Sittl (Lokale Verschiedenheiten der lateinischen Sprache, S. 115) meines Erachtens mit Unrecht schreibt: ‚Die von Petschenig aufgenommene Variante verdient vorläufig, bis *ipsedem* nachgewiesen ist, die Bezeichnung eines Monstrums‘. Allerdings ist die Form ein Monstrum, aber vom Schriftsteller selbst, nicht von den Abschreibern verschuldet

und hat nunmehr als Gegenstück das *huiusdem* des Claudian.
Bei Venantius Fortunatus ist *hisdem* durch das Metrum ge-
schützt VII, 19, 3 *uisceribus hisdem (CMDGBRF, isdem
AL) genitos Flauum Euodiumque*, und hätte demnach von Leo
auch in der vita Mart. I, 416 *sed pater instabat conpellans uocibus isdem* aufgenommen werden sollen, da alle Handschriften
ausser *NS¹* diese Form bieten. Auch Huemer hat Sedulius pasch.
op. V, 38, S. 302, 15 *hisdem praesentibus* edirt, doch hätte er,
um sich consequent zu bleiben, z. B. auch S. 302, 9 das handschriftlich ganz gleichbeglaubigte *hisdem* in den Text aufnehmen
sollen. Bei Sidonius bieten carm. V, 467 die beste Handschrift
M mit *F hisdem*, die übrigen *isdem*, letzteres allein sämmtliche
Manuscripte V, 156 sowie XXII epist. (S. 250, 10). Ich ver-
muthe, dass auch Sidonius gleich Claudian nur *hisdem* (neben
isdem), nicht aber *isdem* gebrauchte. Eine weitere neue Form
ist *istiusce*, die sich bei Claud. 173, 10 *summum istiusce negotii
istoc in loco uertitur* findet.

4. Adverbien der späteren Latinität.

Prae und *propter* kennen die Lexika nur als locale Adverbien und doch hat sie die spätere Latinität, wenn ich nicht
irre, auch als modale respective causale Adverbien verwendet.
Wir lesen bei Claudianus in allen Handschriften 139, 9 *si qui
nunc monendi locus est, moneo praeque denuntio*, wo freilich
die Conjectur Hartel's *peraeque atque* sehr ansprechend wäre,
wenn ihr nicht Sidonius Apoll. epist. I, 9, S. 15, 14 *sane
moneo praeque denuntio quisquilias ipsas Clius tuae hexametris
minime exaeques* entgegenstünde. Ferner steht 113, 1 *(mundi
moles uniuersa) . . . procul dubio ipsa finalis est propterque
et mensurabilis*. Hier hat *R* (ebenso, unabhängig von diesem,
die editio princeps) die billige Conjectur *propter quae*, Andreas
Schott schrieb *proptereaque* und ich glaubte einst *eapropterque*
empfehlen zu sollen. Jedoch in Hinblick auf das obige *praeque*
kann kein Zweifel sein, dass auch hier die handschriftliche
Lesart echt sei. Die Deutung beider Formen ist leicht: es
wurde nämlich die Bedeutung, die *prae* und *propter* als Präpositionen nur in Verbindung mit dem entsprechenden Casus
hatten, ihnen auch als Adverbien vindicirt, es ist also *prae* =

prae omnibus, prae ceteris = inprimis, ualde und *propter =
propter ea.* Ich glaube aber nicht, dass aus blossem Zufall
die beiden besprochenen Adverbien mit *que* verbunden sind:
mir wenigstens sucht mein Sprachgefühl einzureden, dass durch
das nachfolgende (angehängte) *que* der Mangel des sonst nöthigen
Casus viel weniger fühlbar wird und sich auf diese Weise viel
leichter eine adverbielle Bedeutung bilden konnte, als wenn
z. B. *et propter, et prae* stünde. Es mag deshalb die Vermuthung gestattet sein, dass nur in Verbindung mit *que* die
Präpositionen jene aussergewöhnliche adverbielle Kraft hatten.

Claudian liefert auch noch andere adverbiale Ausdrücke,
die unsere Lexika nicht zu kennen scheinen. So liest man
167, 8 *qui (diabolus) postquam hydrope superbiae tumuit et
inuidiae febre tabuit, sponte inlocaliter sanctitate prolapsus eaque
localiter caelo non sponte deiectus,* wo *ea(que)* doch nichts anderes als *propterea* bedeuten kann. Das Adverbium *ea* ist bei
Georges nur in localer Bedeutung belegt, doch findet sich
eadem nicht nur local (mit Ergänzung von *via*), sondern auch
modal (wobei *opera* zu ergänzen ist). Hieraus lässt sich in
gleicher Weise für *ea* ausser *uia* ein anderes elliptisches Wort
erschliessen, vielleicht *causa,* und es wäre dann *ea* einem *(ea
de causa) ea causa* gleichzusetzen. Auffällig ist, dass Claudian
hier nicht wie sonst *eo* gebrauchte (vgl. den Index meiner
Ausgabe unter *eo),* obwohl der vereinzelte Gebrauch von *eotenus*
neben dem häufig angewendeten *eatenus* (s. Index u. d. W.)
als Analogie dienen kann.

Das ebenerwähnte *eotenus* findet sich 84, 14 *eotenus im-
plicatur errore, ut tamquam absens sibi se quaerat* und 122, 8
eotenus religio conclamata est, ut .. scientiae fructum capessat,
auch Jordanes Get. 5 hat *eotenus.* Die Form hat nichts be-
fremdliches bei einem Schriftsteller, der *tenus* wie *usque (ad)*
gebrauchte und mit dem Accusativ verband, vgl. 73, 6 *(unda
grauior) .. in angustos tubulorum meatus ui conpulsa labrum
tenus supra summum putei expressa prolabitur (labrorum C,
labro DEFP)* und 95, 1 *obsequium uocis aurem tenus meat
(aure A²DEFM).* Aehnlich wie *eotenus* ist *huccine tenus* gebildet 173, 20 *huccine tenus est humani uisus animi?* wo ich
vielleicht im engeren Anschlusse an die Handschriften *hoccine
tenus (so DR, hocine ABCHS, hoc in eo M, huccine tenus*

EFG) hätte schreiben sollen (natürlich *hoc* = *huc*). Wie sehr
E. Wölfflin im Rechte ist, wenn er in seinem Aufsatze über
tenus (Archiv I, 422) bezüglich des Accusativ bei *tenus* schreibt:
*hanc structuram ii demum scriptores adsciscere potuerunt, quibus
tenus abüsset in uim particulae usque (ad)*, erhellt aus jenem
eotenus und *huccine tenus*, die geradezu für *eo usque* und *huc
usque* stehen. Hieran reihen sich noch mehrere bei Georges
fehlende Ausdrücke, wie *adeo tenus* 141, 9 *adeo tenus non
est corpus anima, ut sit imago diuina*, wo die ursprüngliche
Bedeutung von *adeo* noch recht klar zu Tage tritt (vgl. *adeo
usque)*, aber zu Claudians Zeiten wohl nicht mehr gefühlt
wurde, wie das nach falscher Analogie gebildete, bei Claudian
fünfmal sich findende (s. oben S. 479) *itatenus* beweist.[1] Ausserdem hat Claudian *aliquatenus* 68, 23, *ullatenus* 78, 6. 92, 16
und *nullatenus* 58, 2. 195, 2 (nebst *eatenus, hactenus)*.

Eine eigenthümliche Auffassung liegt unvollständigen Sätzen
wie 33, 2 *sed hinc postmodum, de adfectu interim disseramus*,
123, 18 *sed hinc alias*, 31, 6 *sed istinc alias* zu Grunde, da man
nicht sofort begreift, wie sich *hinc (istinc)* zu dem offenbar zu
ergänzenden Verbum *dicamus* o. ä. (vgl. beim ersten Beispiele
den Gegensatz *interim disseramus*) reimt. Die nächste Erklärung
sollte nur die sein, dass man sich hier der eigentlichen Bedeutung von *hinc* nicht recht bewusst war und so *hinc* auch
für *de hac re* gebrauchte. Dabei darf auch nicht verschwiegen
werden, dass nur in jenen formelhaften Wendungen *hinc (istinc)
alias (postmodum)*, wobei das Prädicatsverbum stets ausgelassen
ist, sich jene abnorme Bedeutung statuiren lässt, wenigstens
bei Claudian und in noch ausgedehnterem Masse bei Ennodius,
der fünfmal (95, 10. 160, 12. 235, 13. 250, 4. 294, 22 *H.*) *sed
hinc alias* und einmal *sed istinc alias* (521, 22) hat. Sidonius
gebraucht das Wort etwas freier; denn er sagt nicht nur II, 10,
S. 33, 12 und III, 4, S. 43, 9 *sed istinc alias* und I, 4, S. 6, 1
sed hinc quia istaec satis, IV, 18, S. 69, 21 *sed quid hinc am-*

---

[1] De Vit s. v. schreibt: *saepius utitur hac uoce Claudianus Mamertus, cuius
loco rectius quispiam usurpauerit illatenus uel illactenus*, und scheint an-
deuten zu wollen, dass möglicherweise Claudian selbst so geschrieben
habe. Dem steht natürlich die fünfmalige einstimmige Ueberlieferung
schroff gegenüber. Eine weitere Stelle für *itatenus* citirt Du Cange
aus den Acta Sanctorum.

plius, sondern auch mit Hinzufügung des Verbums II, 2, S. 25,
12 *quid enim hinc congruentius dixerim,* III, 11, S. 47, 5 *sed
tamen hinc uel maxime este securi,* im Briefe vor carm. XIV
Latiari lingua hinc posse disserere. Indess ist auch bei Sidonius,
wie man sieht, der Gebrauch von *hinc* = *de hac re* beschränkt.
Der ältere Salvian sagt gub. dei VI, 54 *nihil enim hinc erat
lege praeceptum,* VII, 49 *sed hinc iam et superius satis dictum est
et adhuc forte dicetur, nec opus est ut de hoc amplius disseramus* und dieselbe Auffassung, wie bei *hinc,* liegt dem *unde* zu
Grunde ad eccl. III, 17 *sed de his, unde nunc loquimur . . .
etiam post haec aliqua subdemus.* Hingegen ganz masslos im
Gebrauche ist Augustin in der kleinen Schrift de quantitate
animae 5, 8 *hinc dubitare ridiculum est,* 12, 21 *hinc dubitare
dementia est,* 23, 44 *nihil est quod hinc dubitare me faciat,* 20,
55 *uellem hinc plura dicere,* 30, 59 *hinc uero dubitare nefarium
puto* (vgl. de immortalitate animae, cap. 13 [Migne Bd. XXXII,
Sp. 1031] *neque ullum rei huius certius argumentum est, quam
cum se ipsum hinc interrogat animus*).

So viel sich jetzt bei unserem bescheidenen Material er-
sehen lässt, so sind nach Augustin die Gallier vorzugsweise
bei der Verwendung von *hinc* = *de hac re* betheiligt. Merkwürdig ist nur, dass sich gerade *hinc* so oft findet und *inde*
(vgl. das französische *en*) so selten. Mir wenigstens ist für
dieses nur die Stelle aus Anthimus praef. (bei Rose, anecdota
graeca et graecolatina II, S. 67, 10) *tamen et inde reddo rationem* bekannt, der auch *unde* wie Salvian gleich *de* cum rela-
tivo gebraucht cap. 14 (S. 11, 1 der Ausgabe bei Teubner)
de larido uero, unde (= *de quo*) *non est qualiter exire delicias
Francorum, tamen qualiter melius comedatur ad horam expono.*

Eine bei Claudian sich nicht selten (im Ganzen sechsmal,
s. Index) findende, mit dem Pronomen *hinc* gebildete adverbiale Form ist bei Georges nicht angeführt: *posthinc.* Dieselbe
hat nichts Auffälliges, wenn man sich an das terenzianische
post deinde (Andr. 483), das auch im Zwölftafelgesetz vorkam
(Gell. XX, 11), und insbesondere an *postinde,* das die Wörter-
bücher mit Stellen aus Lucrez (III, 530), dem Rhetor Seneca
und Vopiscus belegen, erinnert. Das Lexikon von Forcellini
bringt auch noch in seiner neuen Ausgabe zwar zwei Stellen
für *posthinc* bei, die jedoch beide unbrauchbar sind: Verg.

Aen. VIII, 546 *post hinc ad naues graditur sociosque reuisit* und Verg. Georg. III, 300 (nicht 30) *post hinc digressus iubeo fron-dentia capris arbusta sufficere* (vgl. V. 295 *incipiens statutis edico in mollibus herbam carpere oues)*; augenscheinlich ist an beiden Stellen *hinc* nicht mit *post*, sondern mit *graditur (digressus)* zu verbinden, ebenso ist Sid. carm. VII, 435 *post hinc germano regis, hinc rege retento Palladiam implicitis manibus subiere To-losam* selbstverständlich nicht an *posthinc* zu denken. Uebrigens kann die Bemerkung des Servius zur letzteren Stelle aus Vergil: *sunt qui posthinc unica uoce scribunt, sed perperam* als Beweis dienen, dass zu des Grammatikers Zeiten *posthinc = postea* in Gebrauch gewesen sein muss. Aus Sidonius ist anzuführen carm. XXII, 200 *parietibus posthinc rutilat quae machina iunctis fert recutitorum primordia Iudaeorum.* Auch Alcimus Avitus hat *posthinc* S. 37, 17 *P*.

5. Disicere, dissicere.

Ueber *dissicere* und *disicere* hat zuletzt eingehend O. Rib-beck im Corollarium zu den Fragmenta comicorum Romanorum [2] S. XIII ff. gehandelt, der zu dem Resultate kommt, dass *dissi-cere* und *disicere* streng auseinander zu haltende Worte seien, von denen das erstere ein Compositum von *secare (secere,* wie *tonere sonere lauere),* das zweite ein solches von *iacere* sei. Ganz anders urtheilte Fleckeisen in den Jahrbüchern für Phi-lologie, Bd. 87 (1863), S. 199 Note, der *dissicere* und *disicere* für identisch erklärt, jenes sogar die ‚gleichberechtigte, wenn nicht gar besser beglaubigte Nebenform von *disicio'* nennt und in Wörterbüchern die Grundformen des Verbums so aufzuführen empfiehlt: *dissicio disieci disiectum dissicere.*

Dass also *dissicere* nicht bloss ein Schreibfehler sei, wie beispielsweise noch Georges (in seinem Handwörterbuche am Schlusse des Artikels *disicio)* meint, der übrigens Ribbeck's Ausführungen missverstanden haben muss, da er anführt, Rib-beck lasse nur Plaut. Curc. 424 die Form mit doppeltem *s* (als Nebenform von *dissecare)* gelten, geben beide Gelehrte zu: Ribbeck erblickt in dem zweiten *s* das sichere Kennzeichen eines mit diesem Consonanten anlautenden Verbums, Fleck-eisen ‚eine orthographische Eigenthümlichkeit', darin Lachmann beipflichtend (s. Lucrez, S. 128), dass das zweite *s* zur Be-

zeichnung der Länge der Silbe *dis-* gedient habe. Dies letztere
bestreitet Ribbeck, indem er anführt, eine derartige Gemination
bei Verbis compositis sei ohne Analogie; jene scheinbare Gemination *reccido redduco relliquiae* sei vielmehr Assimilation (der
Praeposition *red*), dagegen ein *abbicio addicio innicio*, wie man
analog dem *dissicio* erwarten sollte, unerhört. Nicht überzeugend
scheinen mir Ribbeck's Ausführungen über *dissicere = dissecare.*
Wenn nämlich Priscian II, 56, 18 H. lehrt: *sciendum quod tunc
dis praeponitur, quando sequitur c uel f uel p uel s uel t uel
i loco consonantis, ut discumbo, discutio differo . . displiceo dis-
puto disperdo dissicio dissero distraho disturbo distorqueo
disiectus disiungo,* so vermag ich darin nur den Beweis zu
erblicken, dass auch Priscian in dem fraglichen Worte das
doppelte *s* schrieb, da es in Verbindung mit *dissero* aufgeführt
ist, nicht aber auch, dass das Verbum Simplex des Compositums
dissicio mit dem Consonanten *s* beginnen müsse. Gegen die
Argumentation *cum composuerit cum ,dissero' uerbo ,dissicio',
separauerit a ,disiectus' participio, omnibus autem exemplis ipsius
uerbi simplicis consonantem initialem seruauerit, incipere compositi ,dissicio' uerbum simplex consonante s haud ambigue declarauit*
lässt sich mehreres einwenden: dass erstlich bei Priscian in
jener Beispielsammlung *disiectus* neben *dissicio* angeführt wird,
hat wohl darin seinen Grund, weil ja *disiectus* mit *disiungo*
abgesehen von dem seltenen *disiecto* thatsächlich die einzigen
Verbalformen sind, die aus *dis* und einem mit *i* consonans be-
ginnenden Verbum zusammengesetzt sind, die Form also faute
de mieux herbeigezogen werden musste; dass weiters die
Form *dissicio* erwähnt wird, ist wohl nicht ohne Absicht ge-
schehen: *disicio* verstösse gegen Priscian's Regel, der lehrt,
dass *dis* nur vor folgendem *i*, wenn es loco consonantis stehe,
sich finde; indem er also die Form *dissicio* anführt, beseitigt
er mit diesem Beispiel und durch diese Schreibung zugleich
einen Einwurf, der gegen die Giltigkeit seiner Aufstellung gemacht werden könnte. Dass das Verbum simplex mit *s* an-
fangen müsse, braucht aus der ganzen Stelle nicht gefolgert zu
werden — es heisst ja bloss *dis praeponitur, quando sequitur —*
wenn auch bei den anderen Beispielen allerdings naturgemäss
auf *dis* sofort der Anfangsbuchstabe des Verbum simplex folgt.
Endlich abgesehen von allem dem, so kann doch die Neben-

form von *disseco (dissico,* vgl. Apul. met. VIII, 27, S. 152, 4 *sua quisque brachia dissicant)* -*are* nur *dissico (disseco)* -*ere,* nicht aber *dissicio* gelautet haben; man müsste also dann schon zum mindesten bei Priscian *dissico* für *dissicio* — allerdings eine leichte Aenderung — schreiben, aber dann ist man nicht mehr berechtigt, dazu als Infinitiv *dissicere* anzunehmen, da *dissicare (dissecare)* viel näher liegt. Freilich scheint Ribbeck als 1. Pers. Praes. *dissicio* anzunehmen, da er für die Bedeutung *dissecare* auch Livius XXII, 50, 9 *cuneo quidem hoc laxum atque solutum agmen, ut si nihil obstet, dissicias* und Lucr. III, 639 *et discissa simul cum corpore dissicietur* citirt, aber, wie gesagt, kann ich mir nicht erklären, wieso durch den Uebergang von der ersten in die dritte Conjugation, die doch gerade durch die gleiche Form der 1. Pers. Praes. Sing. beeinflusst war, aus *dissico, ere, dissicio, ere* werden konnte. Wenn in dem Glossare bei Mai (auctor. class. VIII, 178) sich die Glosse *dissicere · dissecare* findet, so beweist dies doch nur, dass man auch schon im Mittelalter die formelle Aehnlichkeit beider Worte erkannte und man durch die *dis-icere* oft zukommende Bedeutung von *dissecare* auf die Identificirung des *dissicere* mit *dissecare* fast ohne eigenes Zuthun geführt werden musste.

Im Folgenden geht Ribbeck die einzelnen Stellen, wo sich das fragliche Wort findet, durch und scheidet *dissicere* und *disicere* nach der Regel: ,*dissiciuntur quae in binas tantum partes diuiduntur uel discinduntur, disiciuntur quae in omnes regiones dissipantur disque turbantur*' (pag. XV). Freilich wird dabei der Ueberlieferung arg Gewalt angethan, so bei Verg. Aen. XII, 308 *ille securi Aduersi frontem mediam mentumquae reducta Dissicit,* wo gerade die ältesten Exemplare *DISIICIT (P)* und *DISICIT (M)* haben; dagegen schreibt er Verg. Aen. I, 70 *age diuersos et disice corpora ponto,* wo die ältesten und besten Handschriften *DISSICE* bieten. Man ist also hier nach Ribbeck gezwungen anzunehmen, dass die Handschriften gerade immer die verkehrte Form überliefern. Diesem Verfahren vermag ich mich nicht anzuschliessen und glaube vielmehr, dass an beiden Stellen die Formen mit *ss* herzustellen sind, also nur an einer Stelle die handschriftlich bestbeglaubigte Lesart zu ändern ist; übrigens scheint schon das *DISIICIT* in P für *DISSICIT* in der Vorlage zu sprechen. Aen. VII, 339 schreibt auch Ribbeck *dissice compositam pacem* (*DISICE M*¹, *DISIICE V*¹, während die Stelle in *P* fehlt). Wir haben übrigens jene obigen Vergilstellen nur vorgeführt, um zu zeigen, dass die so alten Vergilcodices gerade das Gegentheil von der Theorie Ribbeck's beweisen.

Ist es denn aber so feststehend, dass *disicere* mit einem *diuidere* oder sagen wir geradezu mit *dissecare* nicht gleichbedeutend sein kann? Ich für meinen Theil kann keinen Grund finden, warum *disicere* nur *in omnes regiones dissipare,* und nicht auch (*in binas partes*) *disiungere* heissen kann. Aus der Grundbedeutung des Wortes ,auseinanderwerfen' lassen sich doch beide Bedeutungen gleich ungezwungen ableiten. Gewiss ist hier Georges im Rechte, wenn er die von Ribbeck für *dissicere* = *dissecare* reclamirten Stellen unter *disicere* einreiht. Sehr zu beachten ist auch, dass an den Stellen, wo *disicere* der Bedeutung nach einem *dissecare* gleichkommt, gewöhnlich ein diese Bedeutung noch leichter vermittelnder Ablativ *machaera, securi, ense, nouacula, ferri acie* beigefügt ist.

Noch eins. Kämen bei dieser Sache nur etliche Stellen aus der archaischen Literatur, also aus den scenischen Dichtern und vereinzelt aus andern archaisirenden Schriftstellern in Betracht, so hätte ich gegen Formen wie *dissicit, dissice* u. a. abgeleitet von *dissico* (nicht *dissicio*) *dissicere* = *dissecare* keinen Einwand zu erheben. Wie erklärt man es aber, dass durch die ganze Latinität hindurch, bei Prosaikern wie Dichtern, jenes *dissicere* Ribbeck's sich findet, wo doch das normale *dissecare* vorhanden war und selbst im Verse wie jenes zu verwenden war? *Sonere tonere lauere* stehen fast stets nicht ohne besonderen Grund, sind also mit *dissicere* nicht auf gleiche Stufe zu stellen.

Wir glauben somit nachgewiesen zu haben, dass *dissicere* = *dissecere* = *dissecare* weder durch das Grammatikerzeugnis Priscian's bestätigt, noch der Bedeutung halber irgendwo gefordert wird (da auch *disicere* einem *diuidere in binas partes* gleichkommen kann). Aber, wird man fragen, wie erklärt man dann das zweite *s*, wenn *dissicere* stets gleich *disicere* ist? Dass der Zischlaut *s* öfters geschärft wurde zwischen zwei Vocalen, deren erster lang war, beweisen die bekannten Schreibungen aus der ersten Kaiserzeit *caussa, incusso, diuissio* (letztere freilich auch durch die Mittelform *diuid-sio* erklärlich). Die erste Silbe nun von *disicio disicere* scheint lang gesprochen worden sein, wenigstens ist sie im Verse stets als Länge gebraucht; um nun die von Natur aus nicht lange Silbe als solche besser sprechen zu können, wurde eben der Zischlaut geschärft. Wenn Ribbeck dagegen anführt, dass man dann auch *abbicio addicio innicio* erwarten müsste, so ist zu bemerken, dass in diesen Compositis die erste Silbe nie lang gebraucht wird und dass die Buchstaben *b d n* nicht in demselben Grade zu einer Verdopplung geneigt sind, wie der Zischlaut *s* zu einer Schärfung. Nach dieser Auseinandersetzung können wir nicht umhin Fleckeisen's Standpunkt aufrecht zu halten und halten auch unsererseits *dissicio* als die besser beglaubigte Nebenform von *disicio*.

Den Stellensammlungen bei Fleckeisen und Ribbeck füge man hinzu: Cl. 66, 19 *inquiramus dissicine in partes animus queat* (vgl. 67, 2 *ut, si habet partes animus, secari possit in partes*), wo *A disi cine, M discsicine, G dissici an secari ne*, alle übrigen Codices *dissicine* haben, 98, 9 *non arbitror animos sequestratione dissici, quos uidemus iunctis corporibus posse separari* (*disici A G², dissici G¹* und die übrigen Handschriften), 132, 5 *idcirco eandem* (sc. *naturam hominis interioris*) *dissici conuenit atque separari* (*disici A, dissici* rell.), Sidon. carm. V, 418 *dissicit ancipiti miserabile sinciput ense*, Ennod. 382, 21 *quod remediatoris uestri singultus uerba dissiciunt* (*dissitiunt B T V*, vgl. 196, 9 *disiecit lacrimas medela cordis*).

Wir haben uns eines Wortes mit Absicht nicht als Beweismaterials bei unserer Auseinandersetzung bedient, *pedisequus*, das bekanntlich in den Handschriften sehr häufig in der Form *pedissequus* überliefert ist, denn hier liegt die Sache anders, als bei *dissicere*. Die zweite Silbe des Wortes ist nämlich kurz, vergleiche beispielshalber Ter. Andr. 123

> *honesta ac liberáli, accedo ad pédiséquas*

(auch hier haben *B C E pedissequas*), es lag daher kein Grund zur Schärfung des *s* vor. Zudem ist die Schreibung *pedisequus* auch inschriftlich hinlänglich bezeugt (vgl. Klotz zur Andr. 123). Für die spätere Latinität wird man aber, glaube ich, die Schreibung *pedissequus* dennoch zulassen müssen, so z. B. bei Claud.

143, 19, wo alle Handschriften ausser *R pedissequos* bieten. Interessant ist die Form *pedinseca*, die der einzige Codex der Episteln des Salvian (epist. II, S. 204, 8 P.) überliefert; Pauly schreibt *pedissequa*. Bei Sid. epist. IX, 9, S. 158, 14 haben allerdings die besten Handschriften *L* und *T pedisequa*, die übrigen *pedissequa*, ebenso I, 9, S. 14, 17, und nur *L* die richtige Form *pedisequis* IV, 20, S. 70, 14.

6. Foetutinae, fetidinae.

Das fragliche Wort ist uns an vier Stellen erhalten und zwar findet sich bei Apuleius de mag. 8, S. 11, 16 *fetutinis* ohne Variante überliefert, während bei Gellius XIII, 21 (20), 1, wie Herr Professor Martin Hertz mir gütigst mittheilte, folgende varia lectio zu verzeichnen ist: *fetutinas* bieten $QZXN$, *fetudinas O∏* nebst ein paar schlechteren Handschriften, *fecutinas Y*, *secuti nas T*. Bei Nonius pag. 63, 20 M. ist *fetutina* gesichert, während dagegen sämmtliche Handschriften Claudians S. 137, 1 *fetidinarum (fetidiuinarum R)* bieten, was ich auch in Hinblick auf die einstimmige Ueberlieferung zu ediren mich für berechtigt hielt. Ueberhaupt scheint es mir noch gar nicht ausgemacht zu sein, dass nicht auch sonst die Form *fetudinae* vor der anderen den Vorzug verdiene. Um vorerst von der Ueberlieferung zu sprechen, so ist ausser der Claudianstelle auch noch für Gellius *fetudinas* zum mindesten ebenso gut bezeugt — natürlich auf die Qualität, nicht Quantität der Zeugnisse Rücksicht genommen — als *fetutinas*. Die Ueberlieferung *fetutinis* bei Apuleius kann nicht schwer ins Gewicht fallen (über die Noniusstelle wird später gehandelt werden), da ja bekanntlich unsere einzige beachtenswerthe Quelle, der Laurent. plut. 68, 2, erst dem elften Jahrhundert angehört. Wie steht es aber mit der lautlichen Erklärung? Auch hier muss ich der Form *fetudinae* den Vorzug zuerkennen. Denn *fetidina* ist aus *fetidus* und der Endung *-ina* entstanden und ist von anderen Substantivis denominativis wie *piscina, officina (opificina), popina, rupina, laterina, caepina* u. m. nur dadurch verschieden, dass das Grundwort kein Substantiv, sondern Adjectiv ist, was ebensowenig auffällig ist, als dass z. B. *fodina* direct vom Stamme des Verbums gebildet ist. Hingegen weiss ich nicht, wie man *fetitinae* zu erklären hat. Nonius allerdings scheint nur *fetutina* gekannt zu haben, denn er schreibt a. O.: *moletrina a molendo, quod pistrinum dicimus, ut feratrina, ut fetutina,* wo die Stupidität des Nonius doch nicht gar *fetudina* mit *moletrina* zusammengestellt haben wird. Uebrigens ist *moletrina* nicht direct vom Verbum herzuleiten, sondern ist entstanden aus *molitor-ina* und war deshalb mit *latrina (lavatorina), sutrina, pistrina, tonstrina, uoratrina* u. a. zu vergleichen. Wenn wir also einerseits auch nicht leugnen wollen, dass bei Nonius *fetutina* für die wahrscheinlichere Form zu halten ist (und es mag ja diese Form im Volksmunde existirt haben), so ist andererseits anzuerkennen, dass *fetudina (fetidina)* die sprachlich allein richtige Schreibweise ist, die ich auch bei Apuleius hergestellt wissen möchte und die bei Gellius durch einige der besten und ältesten, bei Claudian, wo doch Handschriften aus dem 9. und 10. Jahrhundert vorhanden sind und wo der consensus omnium codicum nur die Schreibweise eines weit älteren gemeinsamen Archetypus repräsentiren kann, durch sämmtliche Handschriften gesichert ist.

Im Anschlusse lasse ich einige Beiträge zur Kritik und Erklärung einzelner Stellen Claudians folgen.

1. Dass meine Recension des Briefes Claudians an Sidonius, der sich nur in der Briefsammlung des Sidonius findet, keineswegs eine abschliessende genannt und nur faute de mieux hingenommen werden könne, war Niemandem klarer als mir, der ich nur die Collationen einiger Pariser Handschriften zweifelhafter Güte zur Verfügung hatte. Nunmehr ist aber durch die vortreffliche Sidoniusausgabe Lütjohann's ein gesicherter Text auch für unseren Brief geschaffen. Die wichtigsten Aenderungen gegenüber dem bisher geläufigen Text sind folgende: S. 198, 5 (meiner Ausgabe) *anquirerem* für *inquirerem*, ebenda *sed* getilgt; 198, 7 *multimodis et* für *multis modis ac;* 198, 9 *istaec* für *ista haec;* 198, 10 *iudicaueris* für *iudicaris;* 199, 5 *tum et* für *tam ex;* 199, 13 *uberem* für *uberiorem;* 199, 14 *igitur* für *ergo.* Die meisten dieser Lesarten sind unbedingt zu billigen und nur betreffs weniger hege ich einigen

Zweifel. So will mir vorerst die Tilgung des *sed* nicht recht behagen. Die betreffende Stelle lautet im Zusammenhange folgendermassen: *non undeunde quarumpiam personarum aut uoluntates aut necessitates anquirerem, sed quae in rem debiti mei usui mihi esse possent.* Freilich ist *sed* für den ersten Moment höchst anstössig und scheint der Sinn der Stelle die Beseitigung desselben energisch zu fordern; wenn wir uns aber ins Gedächtniss zurückrufen, was wir bereits früher über einen seltenen Gebrauch der Partikel *sed* bei Claudian und Sidonius erörtert haben, so sind Sätze wie Cl. 20, 15 *ego conscriptionis periclitabor, sed tu editionis* oder Sid. epist. I, 11, S. 20, 12 *quod satirae obiectio famam mihi parasset, sed sibi infamiam* auch zur Erklärung des *sed* an unserer Stelle ausreichend. Hier wie dort hat *sed* nicht die Kraft der stärksten Adversativ-partikel, sondern ist einem *uero* gleichkommend, steht daher auch nicht im Gegensatze zur Negation *non* oder besser gesagt zum negirten Verbum des vorhergehenden Satzes, sondern ist mit *quarumpiam* enge zusammenzuhalten. Die triviale deut-sche Uebersetzung ,xbeliebige, aber mir nützliche Personen‘ erspart uns jeden weiteren Commentar.

S. 198, 9 *ista haec eadem remissibilia sint necne* änderte Lütjohann in *istaec eadem* sicher mit Unrecht: denn ausserdem dass Claudian die Pronomina *hic* und *idem* sehr gerne zusammen-stellt (vgl. S. 69, 3. 83, 17. 19. 22. 88, 19. 100, 7. 103, 21. 108, 2. 110, 17. 118, 20. 125, 11. 128, 14. 129, 7. 131, 4. 143, 18. 187, 75), vergleiche man nur Cl. 107, 25 *ista haec ipsa duplici sorte proponerem* und 173, 13 *intendit sese atque exserit per ista haec puncta pupillarum,* die ohne jegliche Variante überliefert sind. Allerdings findet sich *istoc* zweimal bei Claudian als Accusativ und dreimal als Ablativ (die Stellen siehe im Index meiner Ausgabe unter *declinatio*), aber nirgends *istaec.* Lütjohann schreibt zwar bei Sidonius S. 6, 1. 8, 8. 13, 9. 33, 27. 42, 28. 45, 22. 58, 3. 61, 3. 101, 10 *istaec,* aber gegen die überwiegende handschriftliche Ueberlieferung, und es scheint sich zu empfehlen, überall *ista haec* herzustellen, denn leichter konnte *istaec* aus *ista haec (ista hec — ista ec),* als dieses aus jenem werden.

Ueber *multimodis* für *multis modis* (S. 198, 7) wurde be-reits an früherer Stelle gehandelt.

S. 199, 19 *porro si etiamnum solito obdurueris, faxim egomet quod tete paenitebit* vermuthet Fr. Leo in der adnotatio critica bei Lütjohann *silentio* für *solito:* es ist aber die Ueberlieferung ganz heil, und das Adverb *solito* für das sonst sich findende *ex solito* oder auch *solite* bei gallischen Schriftstellern nicht gerade selten. Es findet sich beispielsweise auch bei Alcimus Avitus S. 88, 3 *dum curam nostri solito geritis.*

2. In der Note zu S. 53, 13 *sequitur et adiungit: si angeli, inquit, caelestia etiam corpora etc.* vermuthete ich *persequitur* für *sequitur*, da die Verbindung zweier Verba durch *et* bei verschiedenem Subject mir als höchst auffällig erschien. Jetzt vermag ich eine Parallelstelle beizubringen, die die handschriftliche Lesart vollkommen schützt. Man liest nämlich in dem commonitorium primum des Vincentius Lirinensis cap. 8 (Migne 50, 649): *sed haec forsitan perfunctorie praelocutus est et humano potius effudit impetu, quam diuina ratione decreuit. Absit. Sequitur enim et hoc ipsum ingenti molimine iteratae insinuationis inculcat* (folgt Citat).

3. S. 127, 18 *hinc egomet testium meorum indefensis hactenus mihi testimoniis utendum ratus sum, quia penes illos tantum, qui toto sui admodum corpus sunt, de hisce ueritatis uadibus dubitabimus:* Was heisst hier *penes illos?* Um die Worte, wie sie hier stehen, halten zu können, müsste man *penes* in der Bedeutung von *secundum* fassen, wie wir dies bereits oben S. 496 auseinander gesetzt haben. Indess ist es sofort einleuchtend, dass trotz Zuhilfenahme dieser Bedeutung der Sinn des Satzes nicht sehr ansprechend ist. Jede Schwierigkeit wird aber beseitigt, wenn man *dubitabitur* für *dubitabimus* schreibt; dann hat *penes* seine gewöhnliche Bedeutung und kommt hier einem *a* cum abl. gleich.

4. S. 141, 14 *hoc saltim probum quod eatenus dissertauimus aduersum corporales pro spiritalibus sat foret:* anscheinend ist das Wort *probum* Anstoss erregend und würde ohneweiters fehlen können. Obwohl jedoch die vorliegende Ausdrucksweise auffällig ist, so möchte ich doch nichts in dem Satze ändern, da ganz ähnlich *hoc falsum* gebraucht wird S. 164, 9: *restat ut aut Mariam Gabriel numquam uiderit aut deum uidere cessauerit. sed huic falso sententia ueritatis obsistit.*

5. S. 149, 23 *quapropter quoniam omne corporeum terrae nomen includit ratoque iudicio in corporeis conpositum, terra dicitur omne corporeum:* Für *in corporeis* dürfte wohl jedenfalls *corporeis* zu schreiben sein und das *in* seinen Ursprung der irrthümlichen Meinung danken, es müsse *incorporeis* heissen, welche Lesart aber keiner Widerlegung bedarf.

6. S. 165, 4 *age nunc pro acumine excellentis ingenii .. indaga distingue pronuntia, quo d i f f e r t materia informis a nihilo, quid sit inanimum idemque formatum . . . quid sit locus et tempus, qualiter localis motus s u b d a t u r etiam temporali:* So haben sämmtliche Handschriften, *differat*, was ich ehedem edirte, ist eine Correctur verschiedener Herausgeber. Ich glaube aber nunmehr, dass sich die Ueberlieferung rechtfertigen lässt, da ja spätere Schriftsteller Indicativ und Conjunctiv öfters promiscue neben einander gebrauchen. Ueber einen ähnlichen Gebrauch in Vergleichungssätzen haben wir bereits gesprochen; ein dem vorliegenden Falle ähnliches Beispiel liefert Cl. 96, 7: *cum autem tibi in mente est cogitationis et amoris tui, si tanta illa meministi quanta sunt, tanta est mens tua quanta sunt illa . . et si mentem uel cogitationem tuam pro sui modo d i l i g i s, haec et amor tuus aequalia certe sunt, et si se singula tota simul uel a m e n t uel cogitent uel m e m i n e r i n t, non maiora erunt tota simul tria* etc.

7. S. 194, 6 *minuitur igitur, quoniam in tota parte habet sursum et deorsum, habet dexteram et sinistram, habet ante et retro:* Hier war das *dexteram* der Handschrift in *dextram* zu corrigiren, denn die Form *dextera* scheint Claudian nur zu gebrauchen, wenn sie substantivisch für *d. manus* steht, vgl. 75, 5 *ecce ille laeuae manus uigore ualet, usum dexterae ictu ut adsolet humoris amisit;* dagegen 67, 9 *mouetur autem omne corpus sursum deorsum, in dextrum ac sinistrum, priorsus et retrorsus;* 67, 21 *aut quotalibet pars grani ipsius quod illic non habet inferiora sua ubi superiora, nec illic dextra ubi sinistra, nec anteriora illic ubi posteriora;* 59, 25 *patet enim liquido quodlibet unum corpus paris corporis adiunctione duplicari, esse illic sursum deorsum, dextrum sinistrum, anterius atque posterius.*

8. S. 204, 28 *uideo enim os Romanum non modo neglegentiae, sed pudori esse Romanis, grammaticam uti quandam barbaram barbarismi et soloecismi pugno et calce propelli, dialecticen tamquam Amazonem stricto decertaturam gladio formidari,*

rhetoricam acsi grandem dominam in augusto non recipi, musicen uero et geometricam atque arithmeticam tres quasi furias despui, posthinc philosophiam [atque] uti quoddam ominosum bestiale numerari: So edirte ich, indem ich das überlieferte *atque* einfach beseitigt wissen wollte. Jetzt jedoch erscheint es mir für viel wahrscheinlicher, dass nach *atque* ein Substantiv ausgefallen sei. Offenbar wollte Claudian sämmtliche sogenannten *artes liberales* aufzählen, von denen er sieben *(grammatica, dialectice, rhetorica, musice, geometrica, arithmetica, philosophia)* erwähnt. An anderer Stelle finden sich ebenfalls sieben *artes liberales* genannt 81, 5: *in hac mihi reposita quodammodo sunt et grammatica, cum de dialecticis dissero, et rhetorica, cum de geometricis, et astrologica, cum de musicis, et hae simul omnes, cum de arithmeticis,* also dieselben wie an obiger Stelle, nur dass *astrologica* für *philosophia* aufgeführt erscheint. Sid. epist. V, 2, S. 79, 7 zählt neun *artes* auf: *illic enim et grammatica diuidit et oratoria declamat et arithmetica numerat et geometria metitur et musica ponderat et dialectica disputat et astrologia praenoscit et architectonica struit et metrica modulatur.* Nach diesem erscheint es mir als sehr wahrscheinlich, dass nach *atque* das Substantiv *astrologiam*, welche Disciplin sowohl von Claudian S. 81, 7 als von Sidonius an den obigen Stellen erwähnt wird, ausgefallen und demnach zu lesen sei: *posthinc philosophiam atque ⟨astrologiam⟩ uti quoddam ominosum bestiale numerari.*

9. S. 204, 29 *sed haec in laudem tuam suggestui sunt, quia si multi quorum tu es studiorum forent futurus eras scilicet, etsi non omnium potior, unus ex multis. hinc uero . . professionis tuae par unus et solus es:* Der Sinn des Satzes scheint der zu sein: ‚Wenn viele dieselben Studien wie Du betrieben, wärest Du, wenn auch die anderen alle überragend, einer aus vielen'. Deshalb kann das *non* unmöglich richtig sein und muss es heissen: *etsi omnium potior.* Eine weitere Möglichkeit wäre indess, für *etsi si* zu schreiben, also *futurus eras scilicet [et]si non omnium potior,* wobei man allerdings nur eine einfache Dittographie anzunehmen braucht und dennoch einen passenden Sinn erlangt.

Anhang.

I.

Es scheint nicht überflüssig zu sein, hier anhangsweise mit einigen Worten die Frage zu beantworten, welches der eigentliche Name unseres Schriftstellers war. Denn die editio princeps sowie überhaupt alle älteren Ausgaben und auch Ebert nennen ihn Claudianus Mamertus, andere Editoren theils wie Barth Claudianus Ecdicius Mamertus, theils wie Gallandius Mamertus Claudianus, Teuffel dagegen Mamertus (Ecdicius) Claudianus.

Um vorerst festzustellen, ob der Schriftsteller der Ueberlieferung zufolge wirklich sämmtliche drei Namen führte, so ist zu bemerken, dass der Name Ecdicius weder durch einen anderen lateinischen Schriftsteller noch durch irgend eine der bekannten Claudianhandschriften für Claudian bezeugt ist, er hat also nicht die geringste urkundliche Beglaubigung.

Der Name Mamertus dagegen findet sich bei Sidonius ep. V, 2 in.: *librum de statu animae tribus uoluminibus illustrem Mamertus Claudianus . . . excolere curauit* und ist auch in der Pariser Claudianhandschrift Nr. 2165 saec. XIII *(E)* am Schlusse des dritten Buches de statu animae überliefert: *EXPLICIT MAMERTI CLAUDIANI DE STATU ANIMAE LIBER TERTIVS.* Sonst nennt Sidonius (ep. IV, 3 und 11) seinen Freund nur Claudianus, ebenso Gennadius de script. eccles. 83, und auch die Claudianhandschriften überliefern mit jener obigen einzigen Ausnahme nur den einen Namen. Daraus geht hervor, dass der eigentliche Rufname des Schriftstellers Claudianus war und er ausserdem noch — soweit wir aus gesicherter Ueberlieferung entnehmen können —. den Namen Mamertus führte.

Bekanntlich findet sich in Sirmond's Ausgaben des Ennodius und Sidonius eine *‚elucidatio de propriis nominibus mediae aetatis unde sumi solita et quid a prisco Romanorum usu discreparint'*, deren wichtigste Resultate der Satz enthält: *‚mediae aetatis nominum duplex quodammodo lex fuit: una, ut proprium cuiusque nomen ultimum in locum conicerent, altera, ut tum proprium hoc nomen tum cetera interdum quidem aliunde* *pro arbitrio, ut plurimum uero a propinquis affectibus deducta imponerent*'. Wie also beispielshalber in dem vollen Namen des Sidonius C. Sollius Apollinaris Sidonius der eigentliche Rufname an letzter Stelle sich befindet, so wird dementsprechend bei Claudianus die richtige Reihenfolge der Namen Mamertus Claudianus sein, wie auch die Ueberlieferung an jenen zwei Stellen, an denen sich der Name Mamertus findet, bezeugt. Wir haben an einer früheren Stelle (S. 464) berührt, dass Claudian und ebenso Sidonius den Verfasser der Aeneis stets Maro, den Historiker Sallust stets Crispus nennen. Der Grund hiefür ist leicht erfindlich, wenn wir uns die vollen Namen P. Vergilius Maro und C. Sallustius Crispus vergegenwärtigen und weiters bedenken, dass für die spätere Latinität der zuletzt stehende Name als Rufname galt.

Wir haben in unserer Ausgabe blos zur Vermeidung von Missverständnissen die bisher meistgebräuchliche Namenabfolge Claudianus Mamertus — man sagt ja für gewöhnlich mit Hinweglassung der beiden anderen Namen wohl auch Sidonius Apollinaris (so lautet auch die stehende französische Namensform Sidoine-Apollinaire) — beibehalten, da der Bruder unseres Schriftstellers Mamertus hiess, von dem ein weiterer Name nicht überliefert ist (vgl. Sidon. ep. IV, 11. V, 14. VII, 1 mit Sirmond's Noten).

Es ist übrigens bemerkenswerth, dass von zwei Brüdern der eine Mamertus als Rufnamen, der andere als Vornamen, oder wie man es sonst nennen will, hatte. Man würde vielmehr erwarten, dass wohl beide den Namen Mamertus führten, zu diesem aber noch einen natürlich für beide verschiedenen Rufnamen (vgl. bei Sueton die Brüdernamen Salvius Otho und Salvius Titianus, Flavius Vespasianus und Flavius Sabinus). Man wende nicht vielleicht ein, dass auch des Apollinaris Sidonius Sohn vom Vater selbst nur Apollinaris genannt wird (vgl. z. B. ep. III, 13 und dazu Sirmond's Note); denn hier ist die Sachlage eine ganz verschiedene, da natürlich der Vater den Sohn ganz beliebig nennen konnte. Anders ist es aber bei Brüdern, wo man meinen sollte, dass eine solche Namensähnlichkeit wegen der möglichen Verwechslung ausgeschlossen war.

II.

Aus den Resultaten, die wir durch die vorstehende Abhandlung gewonnen haben, ergibt sich auch ein gewisser Nutzen zur Bestimmung der Heimat des Verfassers jenes nicht uninteressanten Romanes, den Heydenreich unter dem Titel ‚Incerti auctoris de Constantino Magno eiusque matre Helena libellus‘ in der Teubner'schen Sammlung 1879 edirt hat und den wir in den folgenden Citaten kurz durch Anonymus (An.) bezeichnen wollen. Schon C. Paucker hat im Scrutarium subrelictorum lexicographiae latinae die sprachlichen Eigenthümlichkeiten jenes Büchleins erörtert, sich dabei aber in seiner Weise jeder Schlussfolgerung enthalten; es war übrigens auch für ihn nicht schwer, selbst durch eine blosse Zusammenstellung der ἅπαξ λεγόμενα zu einem positiven sprachgeschichtlichen Resultate zu gelangen.

Um es gleich im Voraus zu sagen, scheint das Schriftchen in Gallien verfasst zu sein, da sich in demselben unverkennbare Spuren specifisch gallischer Latinität nachweisen lassen, die wir hiemit in zwangloser Reihenfolge vorführen:·

1. Oben wurde erwähnt, dass die Wendung *ita (sic)* mit folgendem *quod cum indicativo* sich nur bei gallischen Schriftstellern und zwar vom 5. Jahrhundert an (Salvian, Claudian, Sidonius, Alcimus Avitus) finde: man vergleiche nun An. 23, 17 *H. quas res . . ita occultauerat, quod nulli uiuenti de hoc quidquam constitit, 28, 3 in tantam proruperunt doloris et gemitus uehementiam, quod uidebantur extra mentem positi et se ipsos uelle iugulare* u. ö. Besonders merkwürdig ist 21, 3 *ita ut multos ... prosterneret et quod iam quare non inueniebatur aliquis qui secum ludere ausus esset* (vgl. die weiteren Stellen bei Paucker l. c.).

2. Die präpositional gebrauchte Participialform *mediante* wurde von uns bereits weitläufig bezüglich ihres Gebrauches in Gallien besprochen und sie steht auch An. 18, 31 *non omnino uacua ueni, sed aliquid de meo, quo mediante uictum nostrum quaerere poterimus, addere uolo:* so nämlich steht in den Handschriften und ganz mit Unrecht hat Heydenreich seine Conjectur *medicante* in den Text gesetzt.

3. Ausserdem sind noch folgende Worte, die die Gallier, wenn nicht allein, so doch mit besonderer Vorliebe verwendeten, mehrfach bei unserem Anonymus nachzuweisen, so *praefixus* (vgl. oben S. 498) 11, 18 *die ad recedendum praefixa* und 11, 23 *tempus recedendi praefixum;* weiters *praeeligere* (vgl. S. 470) 13, 2 *quam intermediam scientes ad perficiendam suae traditionis perfidiam praelegerant* und 24, 7 *praeelegi hic manere;* endlich *abinde*, das mit dem von Claudian so oft gebrauchten localen *abhinc* zusammenzustellen ist, 12, 27 und 13, 22 *abinde nauigare coeperunt.*

4. Schliesslich sei noch auf die Wörter *ambasiator (ambassadeur)*, *barones, decapillare (décheveler), exterminatio (extermination), regratiari (regracier,* die Belegstellen siehe bei Paucker a. a. O.) hingewiesen, die den gallischen Ursprung unserer Schrift wohl hinlänglich beweisen.

Berichtigung.

S. 488 ist der Artikel *catholica* dahin richtig zu stellen, dass sich auch bei Alcimus Avitus jene Ellipse findet (s. Peiper's Index).

I. Verzeichniss der verbesserten oder erklärten Stellen.

II. Verzeichniss der besprochenen Worte.